홍병호의
희망
리더십

공병호의
희망
리더십

공병호 지음

21세기북스

위대한 한국호의 부활,
리더십에 있다

　'더 잘할 수 있을 텐데', '이 정도에 만족해선 안 되는데', '이렇게 가면 어려워질 수도 있을 텐데'. 최근 우리 사회를 지켜볼 때마다 떠오르는 단상(斷想)이다. 이론이나 관념의 세계가 아니라, 현실과 실물의 세계에서 부지런히 움직이는 사람들을 만날 때마다 강한 아쉬움이 느껴진다. 그것은 우리 한국인들이 갖고 있는 개인적 자질의 우수함에 비해서 그 역량을 사회나 조직 전체 차원에서 제대로 발휘하고 있지 못하다는 데 대한 안타까움 때문이다.

　왜 그럴까? 물론 여러 가지 이유가 있을 것이다. 이 가운데 결정적인 이유 한 가지를, '구슬이 서 말이라도 꿰어야 보배다'라는 우리 속담 속에서 찾을 수 있을 것이다. 잘살고 싶다는 의욕이 아예 없거나, 가진 자질이 우수하지 않거나, 이를 뒷받침할 수 있는 여러 가지 사회적인 인프라와 같은 성장의 조건들이 부실하다면 이런 사실을 운명으로 받아들일 수도 있다. 왜냐하면 인간의 유전자에 각인되어 있는 의욕이나 자질은 단기간에 만들어지지 않을 뿐더러, 성장에 필요한 필수 조건이므로 이를 다시 마련하려면 오랜 시간과 노력이 들기 때문이다.

그러나 한국 사회는 이 모든 것들을 대부분 갖추고 있다. 그럼에도 불구하고, 자신들이 가진 에너지를 비생산적인 부분에 사용하거나 불완전연소 상태로 세월을 낭비하고 있는 것이다.

필자는 우리 한국인들이 가진 가능성의 확장을 직·간접으로 방해하고 있는 가장 큰 요인은 리더십 문제에 있다고 본다. 리더십이 제대로 발휘되어야 한국 사회는 도약할 수 있다.

한국 사회에서 '리더십의 위기'는 물론 어제오늘의 문제가 아니다. 한국의 근·현대사에서 존경받는 리더로서 자리 매김할 수 있는 사람은 그리 흔하지 않다. 특히 우리의 삶 구석구석에 영향을 미치는 정치 분야에서는 더더욱 찾아보기 힘들다.

세월이 흘러가면 매사는 조금씩 나아져야 한다. 그러나 그런 기대와는 달리, 근래에 들어 리더를 선출하는 과정에서 일어나고 있는 상황을 보면 전혀 나아지고 있다는 판단이 서질 않는다. 우리는 이미 우리 자신이 내린 선택의 결과에 대해 상당한 비용을 치르고 있는 셈이다.

상대적으로, 경쟁 과정을 통해서 열등한 리더들은 탈락되는 강력한 필터링 과정이 갖추어진 분야에서는 상황이 나은 형편이다. 하지만 행동보다는 말이, 성과보다는 약속이, 이성보다는 감성이, 정책보다는 지역감정이 지배하는 분야에서 리더를 뽑는 과정은 위태롭기

짝이 없다.

정치, 기업, 비영리단체, 가정 그 어떤 분야를 보더라도 누가 지휘봉을 잡느냐가 매우 중요하다. 다들 이런 중요성을 인식하고 있고 우리 자신에게 선택권이 있음에도 불구하고, 몇 십만 원짜리 냉장고나 텔레비전을 구입할 때보다 더 무관심하고 감정적으로 의사 결정을 내린다.

최근 우리 사회의 많은 사람들이, '우리 자신에게 있어 지도자란 어떤 존재인가?', '지도자가 우리의 삶뿐만 아니라 자식 세대의 삶에 어떤 영향을 미치게 될까?', '어떤 지도자가 현명한 지도자인가?', '지도자를 선택할 때 어떤 기준을 가져야 하는가' 등과 같은 질문에 대해 알게 모르게 답을 찾고 있을 것이다.

그것은 리더와 리더십이 얼마나 중요한가를 직접 피부로 느끼고 엄청난 비용을 지불하면서 깨우치게 되는 진실이라 할 수 있다. 현실에 대한 실망이 커지면 커질수록, 화가 나면 날수록 그런 질문에 대한 속 시원한 해답을 찾게 된다.

이 책에서 다루는 리더와 리더십은 정치 지도자와 같은 거시적인 맥락에만 적용되는 것은 아니다. '나는 누구인가?', '나란 사람은 리더로서 무엇을 해야 하는가?', '좀 더 나은 리더가 되기 위해 나는 어떻게 해야 하는가?' 등에 대한 과제를 두고 고민에 빠져 있는 사람들에게도 도움이 될 것이다. 다시 말해서 스스로 평범한 리더를 뛰어넘어 존경받는 리더가 되기를 갈망하는 사람들에게, 이를 위해 어떤 노력을 기울여야 하는가에 대한 가이드라인을 제공하는 데 손색이 없을 것이다.

뿐만 아니라 존경받는 리더를 선택하는 기준을 제시하는 데도 부족함이 없을 것이다. 현란한 구호와 슬로건으로 자신만이 걸출한 리더가 될 수 있다고 외치는 사람의 이미지 속에 숨어 있는 본모습을 파악함으로써 현명한 선택을 하는 데 도움을 줄 수 있으리라 믿는다.

그리고 훗날 존경받는 리더가 되기를 소망하는 사람에게도 도움이 될 것이다. 많은 사람들은 세월과 함께 자의반 타의반으로 리더의 위치에 서게 된다. 그런 위치에 서기 전까지 자신을 어떻게 만들어가야 하는지에 대해서도 어느 정도 해답을 제시하고 있다.

필자는 일찍부터 리더와 리더십에 깊은 관심을 가져왔다. 그 이유는 명확하다. 국가, 조직, 가정, 그리고 개인이 잘살기 위해서는 탁월한 리더와 리더십이 불가피한 요소이기 때문이다.

필자가 이 책을 집필하기로 결심한 것은 근래 우리 사회의 위기, 갈등, 반목, 저성장의 원인이 '리더십의 부재와 위기'에 있다고 생각하기 때문이다. 다시 말하면 우리가 이처럼 방황하면서 시간과 자원을 낭비해야 할 하등의 이유가 없다고 판단하였기 때문이다.

역동적인 한국, 매력적인 한국, 위대한 한국호의 부활은 리더십의 복원에서 그 해답을 찾아야 한다. 한두 번의 실수는 용인될 수 있다. 그러나 반복적으로 잘못된 선택을 내려서는 안 된다.

개인적 자질의 우수함이나 한국인들의 균형 감각 회복 속도, 그리고 민간 분야의 역동성 등을 고려해볼 때, 우리 사회는 얼마든지 최고의 사회를 향해 나아갈 수 있다. 이때 반드시 필요한 것이 바로 개인적인 자질들을 하나로 엮어내는 존경받는 리더의 존재와 탁월한 리더십이다.

　이 책은 모두 3부로 구성되어 있다.

　1부에서는 왜, 우리가 리더십 문제에 주목해야 하는지를 정리하였다. 리더십 문제만 해결된다면 우리는 얼마든지 매력적인 한국, 최고의 한국, 그리고 위대한 한국을 건설해낼 수 있다.

　2부에서는 과연 어떤 리더가 희망을 주는 리더인지 그 구체적인 조건에 대해 말하고 있다. 능력, 품성, 태도, 마음가짐 4가지 분야로 나누어서 탁월한 리더의 조건을 27가지 항목으로 다루고 있다. 희망을 주는 리더, 존경받는 리더의 조건과 그런 리더로 발돋움하기 위해 어떤 노력을 기울여야 하는지에 대한 기준을 구할 수 있을 것이다. 또한 그런 리더를 선택하는 방법에 대한 기준 역시 확실히 정리할 수 있을 것이다.

　3부에서는 다가올 미래를 대비하기 위해 한국 사회 곳곳에서 어떤 리더가 배출되어야 하는지, 각 부문에서 리더를 지향하는 사람들은 어떤 점에 주목해야 하는지를 다루었다. 그런 리더를 만들어내는 일은 우리 모두의 현명함이 더해질 때 가능해진다.

　다만 한 가지 분명히 하고 싶은 것은 이 책이 어떤 정파나 특정 조직의 이익을 위해 준비된 것은 아니라는 점이다. 우리는 더 잘할 수 있고, 더 잘살 수 있는 충분한 역량을 지니고 있기 때문에 그런 역량을 이처럼 역동적인 시대에 한번 제대로 펼쳐보자는 그런 의도에서 준비된 책이라고 보면 된다. 때문에 이 책을, 한국인의 한 사람으로서 자신의 의견을 형성하는 자유를 가진 사람의 판단과 의견을 정리한 것으로 이해하기 바란다.

뭐니 뭐니 해도 정치란 참으로 영향력이 크다. 그것은 우리들의 살림살이뿐만 아니라 우리들의 심성과 사회적인 분위기에도 지속적으로 영향력을 행사한다. 이 책이 앞으로 다가오는 한국인들의 정치적 선택에 있어 하나의 참고 자료가 되어주기를 희망한다.

2006년 9월 16일 새벽에

1부
리더십의 위기에 직면한 한국

리더십 문제만 해결된다면 우리는 얼마든지
매력적인 한국, 최고의 한국, 그리고 위대한 한국을 건설해낼 수 있다.
우리는 이미 성공적인 미래를 위한 수많은 자산들을 갖고 있기 때문이다.

01

구성원의 수준을
따라가지 못하는 리더십

"자신의 삶에 대해 어떤 기대를 갖고 있습니까?" 이따금 나 자신뿐만 아니라 타인에게 이 같은 질문을 던질 때가 있다. 이제까지 의 경험으로 미루어보면, 기대 수준을 높게 가지는 사람은 그렇지 않 은 사람에 비해 괄목할 만한 성취를 이루기 위해 더욱더 헌신한다. 그 결과 멋진 삶의 모습을 만들 가능성이 높다.

혹자는 이를 두고 '삶에 대한 의욕이 있다, 열의가 있다'는 표현을 사용하기도 한다. 살아가면서 한 인간이 갖추어야 할 중요한 요소 가 운데 하나가 스스로의 인생에 대해 커다란 기대를 갖는 것이다. 한마 디로 우리는 저마다의 인생을 자신의 생각대로, 기대하는 대로, 믿음 대로 만들어가고 있는 셈이다.

주말에 중·고등학생들을 가르쳐온 지 벌써 두 해가 되어간다. 재능 있고 밝은 미래가 엿보이는 학생들을 만나는 것은 또 다른 면의 행복인데, 이들과 접하면서 재미있는 사실을 발견하게 된다. 아이들이 스스로 자기 자신에 대해 거는 기대는, 부모의 기대와 바람, 그리고 믿음이란 요소에 큰 영향을 받는다는 점이다. 이는 재능을 가진 아이들의 경우도 마찬가지다. 부모의 기대 수준이 높으면 높을수록 아이들이 자신의 삶에 대해 갖는 기대 수준도 높아진다. 부모들은 이점을 특별히 유념해야 한다.

이처럼 부모의 안목이나 시계(視界)가 아이들의 미래에 커다란 영향을 미치게 된다는 사실을 느낄 때마다, 부모 스스로의 자각도 필요하지만 부모를 깨우치기 위한 노력도 꾸준하게 이루어져야 한다는 생각을 하게 된다.

기대 수준을 높여라

기대는 비단 개인에게만 중요한 것은 아니다. 기업이나 비영리단체와 같은 조직에 있어서도 마찬가지다. 그런 조직들을 이끄는 지도자, 즉 리더가 조직 구성원에 대해 큰 기대를 갖고 조직이 도달해야 할 수준을 높게 잡으면 잡을수록 그런 수준에 도달할 가능성은 한층 높아진다.

이따금 외부에서 영입해온 리더들 가운데 자신이 몸담고 있는 조직과 구성원들을 본의 아니게 폄하하거나 비하하는 이들이 있다. 이들은 결국 기대 이하의 성과 때문에 예상보다 일찍 조직을 떠날 수밖에 없는 경우가 많다. 따라서 조직을 이끄는 리더가 자신이 몸담고 있는 조직과 구성원에 대해 어느 정도의 기대 수준을 갖고 있는가라는 점이 매우 중요하다.

그럼 우리 한국인들은 한국이란 나라에 대해 어떤 기대를 걸고 있을까? 외환위기를 경험하고, 경제성장률이 떨어지고, 내부의 갈등과 분쟁이 이념적인 차원으로까지 확대되면서 한국호의 미래에 대한 기대 수준이 과거보다 많이 낮아졌다는 생각을 하게 된다.

'한국의 10년 후를 어떻게 내다보고 있는가?'라는 질문에 대한 일반인들의 의견을 참고해보면, '희망적이다'와 '희망적이지 않다'가 각각 반반 정도 차지하고 있지만, 우리 사회의 미래에 대해 아주 높은 기대를 거는 사람들은 소수에 불과하다.

한국갤럽이 발표한 '한국인의 미래 인식에 대한 여론조사'에 따르면, '현재와 같은 정치, 경제, 사회적 상황을 종합해 고려했을 때 우리나라의 10년 후 미래가 얼마나 희망적인가?'란 질문에 '매우 희망적이다' 6%, '어느 정도 희망적이다' 37%, '별로 희망적이지 않다' 44%, '전혀 희망적이지 않다' 9%였다. 부와 가난의 세습 현상에 대해서는 앞으로 '심화될 것' 56%, '변화가 없을 것' 27%, '완화될 것' 16%였다.

미래가 희망적이지 않은 이유로는 '정치 불안정'(16%)을 가장 많이 꼽았다. 다음은 '경제가 어려워서'(11%), '실업자가 많아서'(10%), '빈부 격차'(8%), '물가 불안정'(7%) 등 경제적인 이유들이었다.

– '한국갤럽 여론조사-10년 후 한국은', 《조선일보》, 2006. 1. 16.

여론이란 그야말로 특정 시점에 형성된 사람들의 의견들이기 때문에 결과가 항상 바뀔 수 있다는 점을 충분히 고려해야 한다. 하지만 한 가지 분명한 사실은 근래 한국 사회에서 우리 사회의 미래상에 대한 기대 수준을 한껏 높게 잡고 있는 사람은 드물다는 사실이다. 대부분의 사람들이 현상 유지 내지 조금 나아지는 상황 정도의 기대 수준을 갖고 있을 뿐이다.

그럼 과연 이것이 합리적일까? 다시 말해서 우리 사회의 미래상에 대해 현상 유지나 상황이 약간 호전되기를 기대하는 정도에 머물러 있는 것이 과연 합당한가라는 점에 대해서 생각해볼 필요가 있다. 상식적으로 관습화된 믿음을 있는 그대로 받아들일 것이 아니라, 우리가 갖고 있는 우리 사회의 미래상에 대한 기대 수준을 이번 기회에 다시 한번 검토해보아야 한다.

한 사회의 구성원들이 갖고 있는 기대 수준이 낮으면, 미래는 그것에 비례해서 만들어질 수밖에 없다. 어느 시대든 미래는 마냥 기다리는 것만으로 만들어지는 것은 아니기 때문이다. 또렷한 푯대를 세우고 그것을 이루기 위한 헌신이 없다면 개인이든 조직이든 사회든 간에 소망하는 미래를 만들어낼 수 없다.

"나는 미래를 기다린 적이 없다. 나는 언제나 그 시대의 미래였다"는 어느 자동차 회사의 광고 카피처럼, 스스로 미래를 창조해나가고 말겠다는 결연한 의지와 염원이 필요하다.

우리가 가진 역량을 정확히 직시하라

인간의 성장에서 각성이 중요한 것과 마찬가지로 우리 사회가 성장하기 위해서는 우리 자신에 대한 강한 각성이 필요하다. 우리가 이 정도 수준에 머물러 있는 것은 합리적이지도 않을 뿐더러 있을 수 없는 일이다. 우리는 더 높은 수준의 기대를 가질 만한 충분한 조건들을 이미 가지고 있고 자격도 있다.

우리가 현재 무엇을 가지고 있는지 정확히 직시할 수 있다면, 우리에게 부족한 것이 무엇인지도 알 수 있을 것이다. 지금 우리에게 필요한 것은, 우리 자신에 대한 객관적인 평가와 동시에 이를 바탕으로 우리가 가진 역량을 한껏 발휘하는 데 어떤 걸림돌이 있으며, 이를 슬기롭게 해결해나가기 위해 무엇을 어떻게 해야 하는지 고민해야 한다는 사실이다.

02

문제가 아닌
우리의 강점을 보라

'한국인들은 무엇을 갖고 있는가?'라는 주제는 시간과 비용을 들여서 탐구해볼 만한 하나의 독립된 과제이다. 훗날 시간을 내서 독립된 한 권의 책으로 다루어보고 싶은 주제이기도 하다. 하지만 지금 당장이라도 한국인들이 가진 장점, 다시 말해서 '한국인들이 더 큰 성장을 할 수 있다고 보는 근거가 무엇인가?'라는 질문에 대해, 누구나 충분히 납득할 만한 대답을 간략하게 제시할 수 있다.

이 땅에 살다 보면, 실망할 때도 많지만 실망보다 더욱 자주 경험하는 것은 감탄과 놀라움이다. 그렇기 때문에 필자는, 어떤 상황이 전개되더라도 한국의 앞날에 대해서 조심스러운 낙관을 가질 수 있는 이유들을 수없이 찾아낼 수 있다.

다음은 우리 한국인들이 가진 수많은 자산들 중 대표적인 열 가지를 간략하게 정리한 것이다. 이 열 가지만으로도, 얼마든지 한국의 미래에 대해 희망을 가질 수 있는 충분한 이유가 된다.

강한 상승 욕구

평균적인 한국인들이 내세울 수 있는 강점으로, 삶의 수준을 개선하기 위한 강력한 상승 욕구를 들 수 있다. 다시 말해서 한국인들은 개개인의 의욕이나 열의가 매우 강한 사람들이라는 뜻이다. 그 이유가 무엇인지는 학문적인 분석 작업이 엄밀하게 이루어질 필요가 있을 것이다. 뚜렷한 사계절의 변화에 적응해야 하는 환경적인 조건도 중요한 역할을 했을 것이다. 또한 끊이지 않았던 외침이란 요소도 생존에 대한 압박감으로 작용했을 것이다. 때로는 관(官)이 민(民)을 전혀 보호하지 못했기 때문에 스스로 알아서 살아남아야 한다는 절박감도 한몫했을 것이다.

한국인들은 어디를 가든 억척스럽게 자신의 운명을 개척해나가는 성향이 있다. 타국에서 새로운 삶을 개척해나가는 이민자들의 삶을 살펴보면 그런 사실을 쉽게 확인할 수 있다. 특히나 러시아나 중앙아시아와 같은 척박한 곳에서 자신의 삶을 개척해나가기 위해 어려운 시기를 보냈던 교민들이 대표적이라 하겠다.

이뿐만이 아니다. 불황의 그림자가 짙게 드리운 시기라 하더라도 한국의 거리에는 상대적으로 활기가 넘친다. 어디서 그런 열기와 열의가 나오는 것일까? 그것은 한국인 개개인의 건강한 욕심에서 나온다고 할 수 있다. '잘살고 싶다', '잘살아야 한다'는 그런 욕구와 욕망은 한국인들의 타고난 자산이라 하겠다. 누군가가 일부러 한국인에게, 잘살아야 한다고 의욕을 불러일으킬 필요는 없다. 우리는 이미 그런 의욕을 충분히 갖고 있기 때문이다.

만일 지도층에 있는 누군가가 '우리가 현재의 불합리함을 고치지 못한다면, 2만 달러 혹은 3만 달러로 1인당 소득 수준이 높아지는 것이 무슨 의미가 있느냐?'는 주장을 펼치더라도 그것은 전혀 호소력이 없을 것이다. 평균적인 한국인에게 그런 주장은 한마디로 쓸데없는 소리로 받아들여질 것이기 때문이다.

잘살고 싶다는 욕망을 정확하게 조준하지 않는 리더의 발언은 대중들의 심정적인 동의를 얻기 힘들다. 거리 곳곳에서 때로는 대중 강연 현장에서 확인하는 한국인에 대한 놀라움은 '나는 잘살고 싶다'라는 건강한 욕망이다. 욕망이 살아 있는 한 한국인의 미래는 밝다. 그런 욕망은 유전자에 각인되어 있다고 말할 수 있을 만큼 우리에게 체화되어 있는 특징이라 할 수 있다.

미래를 향한 끊임없는 기대

'어렵다, 정말 어렵다'고들 하고, '죽겠다, 정말 죽겠다'고들 하지만 사람들의 실제 행동은 말과 다르다. 다른 나라라면 미래에 대한 기대와 바람이 싸늘하게 식어버릴 수준의 정치적, 사회적 환경이 주어지더라도 한국인들은 미래에 대한 기대를 버리지 않는다. 언론들은, 과거에 비해 저축률이 떨어지고 있다고 호들갑을 떨기도 하고, 젊은 층들은 아예 저축을 하지 않는다고들 하지만, 대다수의 한국인들은 조금이라도 돈이 생기면 부지런히 모으고 그것을 종자돈으로 삼아서 불리기 위해 열심히 노력한다. 부동산 투자라는 것도 따지고 보면 미래를 위해 돈을 굴리는 일종의 출구라고 보면 된다. 현재의 기쁨을 위해 돈을 쓰는 사람들보다, 좀 더 불리고 싶은 욕망을 가진 사람들이 절대적으로 많다는 이야기이다.

실물 투자는 주춤거릴지 모르지만 더 먼 미래를 바라보는 투자, 즉 자식 교육에 대한 투자에 있어서는 세계인들이 혀를 내두를 정도다. 보다 나은 교육 환경을 자식에게 갖춰주기 위해 원정 출산을 마다하지 않는다. 그리고 1~2년짜리 어학연수 프로그램의 대상 연령층이 초등학생까지 내려갔다. 최근에는 필리핀의 마닐라, 인도의 뉴델리, 말레이시아의 페낭, 네팔의 카트만두, 남아프리카공화국의 케이프타운까지 우리나라 초등학생들의 어학연수가 이루어지고 있는 실정이다.

이처럼 자식의 머릿속에 지식을 넣어주기 위해 전 세계로 나가고 있는 부모들을 아마도 다른 나라에서는 찾아보기 힘들 것이다. 자식 교육이라면 물불을 가리지 않는 사람들이 한국인이기 때문이다. 교육은 가장 먼 미래를 바라보는 투자라 할 수 있다. 물론 자식을 잘 키우려고 노력한다는 점에서는 전 세계 모든 부모가 마찬가지일 것이다. 다만 한국인이 강한 점은, 무리를 해서라도 위험을 무릅쓰고 실제로 실천에 옮긴다는 점이다. 외국인들은 흔히 '한국인은 단기적이다'고 이야기하지만, 한국인을 개인이나 가족 차원에서 들여다본 이들은 오히려 한국인은 지나칠 만큼 장기적으로 미래를 대비하는 사람들이라고 말한다.

그 원인에 대해서 강준만 씨는 《한국인 코드》라는 책에서 "한국인은 나와 내 가족의 문제를 사회와 제도가 해결해주지 못할 것이라는 경험적 확신을 갖고 있다. 그들은 '공적 불신, 사적 신뢰'라는 대원칙을 준수하면서 자녀 교육과 더불어 자신의 각종 연고 챙기기에 급급한 삶을 살고 있다"고 지적하기도 하였다.

우리 부모 세대들은 다들 자신들의 삶이 한 알의 밀알이 되는 것에 개의치 않고 억척스럽게 일해 자식에게 투자하는 것을 당연하게 여겼다. 그것이 미래의 삶에 대한 장기적인 대비라고 여겼기 때문이다. 그러면 필자와 같은 중년 세대는 어떨까? 필자 역시 우리 부모 세대와 그다지 다르지 않다.

그렇다면 오늘날의 젊은 세대들은 과연 어떨까? 분명 그들은 다를 것이다. 그럼에도 불구하고 다가올 미래의 평균적인 세계인들에 비해 훨씬 더 강하게 내일을 생각할 것이다. 한국의 출판 시장에서 30대가 왕성하게 소화하는 자기계발서나 성공학 서적들은, 30대들이 어떤 마음가짐으로 살아가고 있는지를 보여주는 하나의 지표라고 생각할 수 있다. '나는 정말 더 나은 미래를 소망한다'는 말은 그들의 마음가짐을 잘 요약해주는 말일 것이다.

일을 되게 하는 조직력

실물 세계에서 이루어지는 일은 항상 끝내야 할 마감 시간이 있고 특정 목표가 주어진다. 다시 말하면 언제까지 어떤 수준으로 일을 마무리해야 한다.

평균적인 한국인들은 주어진 시간 내에 목표를 달성하기 위해 일을 조직화해서 추진하는 능력이 뛰어난 편이다. 혹자는 이런 능력을 두고 군대 경험이 중요한 역할을 한다고들 한다. 하지만 군대를 갔다 오지 않은 사람들도 이런 능력을 발휘하는 데 손색이 없다는 점을 고려하면, 조직력은 한국인들이 타고난 천성이라는 생각을 하게 된다. 그리고 한국의 입시 제도 또한 영향을 미쳤을 것이다. 입시 제도가 지닌 부정적인 측면이 있기는 하지만, 자신이 원하는 성적을 거두기 위해서 시험일까지 여러 과목들에 대한 시간 투자를 어떻게 할 것인가에 대한 답을 찾아내는 과정은 조직력 배양에 어느 정도 도움을 주었을 것이다.

해외에서 현지 공장을 운영하는 사업가들로부터 자주 듣는 한국인의 장점 가운데 하나가 조직력에 관한 이야기이다. 불과 1~2퍼센트밖에 안 되는 파견 직원들이 현지 상황을 완전히 장악한 상태에서 수백 명 혹은 수천 명의 현지인들을 공동의 목적을 향해서 나아가게 한다.

실제로 일을 하다 보면 특정 업무에 대한 정보나 지식도 중요하지만, 조직화 능력이 문제 해결 능력 가운데 매우 중요한 부분이라는 사실을 체감하는 경우가 많다. 목표와 마감 시간이 주어졌을 때 그 일을 어느 정도 잘 해결할 수 있느냐의 여부, 그러니까 일을 잘할 수 있는가 아닌가의 판단 기준은 조직화 능력에 크게 좌우된다.

필자 역시 조직을 운영할 때, 함께 일하던 젊은 연구원들의 뛰어난 조직력으로 인해 성공할 수 있으리라는 확신을 가질 수 있었다. 제한된 자원으로 최상의 결과물을 만들어내기 위해 노력하는 연구원 개개인의 자질이 무척 뛰어났기 때문에, 그 정도의 자원으로는 도저히 해낼 수 없으리라 여겨지는 결실을 이뤄낼 수 있었다.

이것은 비단 필자만의 경험이 아닐 것이다. 한국 사회 곳곳에서 이러한 사실을 확인할 수 있다. 시장을 상대로 치열하게 경쟁을 벌이는 사람들이라면 조직력이야말로 일을 되게 하는 큰 장점임을 알 수 있다. 우리 한국인들은 최상의 목표를 달성하기 위해 지식, 정보, 아이디어, 사람, 돈을 효율적으로 묶는 방법에서 확실히 뛰어난 자질을 갖고 있다.

한편 강원도 평창이 2003년 동계 올림픽 유치에 실패하고 난 뒤 '동사모(동계 스포츠를 사랑하는 사람들의 모임)'를 만들어 2014년 동계 올림픽 유치전을 펼치는 과정을 보면 조직력이란 무엇인가를 다시금 생각해보게 된다. 물론 그들의 노력이 성공할 수 있을지는 두고 봐야겠지만, 동계 스포츠를 구경하기 힘든 아시아, 아프리카, 동구권의 20~30개국 어린이와 청소년을 매년 100여 명씩 초청해서 2주간 기량을 키워주는 '드림 프로그램'은 2003년의 실패 그다음 해인 2004년 2월에 첫 행사가 열린 후 지금까지 계속되고 있다. 평창의 이런 노력들을 두고 IOC 내부에서도 "강원도 평창 사람들은 산이라도 필요하면 만들 사람들"이란 평을 내릴 정도다. 이는 한국인의 조직력을 단적으로 드러내는 한 가지 사례임에 틀림없다.

폭발적인 역동성

한국인은 어디서나 서두르는 편이다. '빨리빨리'는 한국인의 트레이드마크이다. 물론 개인마다 차이가 있긴 하지만 한국인은 체질적으로 느슨하게 행동하지 못한다. 이러한 특징이 언제, 어디서부터 유래되었는지 정확히 알 수 없다. 아마도 생물학적 조건 이외에는 다른 이유를 찾을 수 없을 듯하다.

다른 나라 사람들이 몇 년 동안 해야 할 분량의 일들을 몇 십분의 일로 압축해서 처리해나가는 것을 보면 그 속도감에 혀를 내두르게 된다. 게다가 누가 시켜서라기보다 다들 스스로 알아서 속도를 낸다.

오늘날 제품 개발 시기가 점점 짧아지고 있는 핸드폰 업계는 한국인의 스피드 감각을 여지없이 보여주는 분야이다. 핸드폰 업계의 젊은 연구원들은 가정생활에 지장을 받을 정도라고 호소한다. 그러나 그런 불평에도 불구하고 그들은 묵묵히 자신의 일을 해낸다.

상당 기간 동안 우리나라가 정보통신(IT) 분야에서 두각을 나타낼 수 있는 이유 중의 하나도 바로 이런 속도감 때문이다. 한국인들은 한마디로 속도감 자체를 즐기는 특징을 가진 사람들이다. 만일 그런 특징을 가지고 있지 않다면 엄청난 스트레스를 받게 될 것이다.

오늘날의 시대는 빠름이 지배하는 시대로 나아가고 있다. 한국인들의 특징이 다시 한번 화려하게 꽃피울 수 있는 그런 시대가 눈앞에 펼쳐지고 있는 것이다. 우리에게는 큰 행운이 주어진 셈이다. 나라 안에만 있으면 잘 느끼지 못하지만 잠시라도 해외에 나갔다 들어오면, 한국 사회 자체가 정말 질주하는 사회라는 점을 느끼게 된다. 질주는 무엇을 뜻하는가? 압축 성장과 폭발에 상응할 정도의 역동성이 살아 숨 쉬는 나라라는 점이다.

뛰어난 순발력과 적응력

한국인들은 꽉 짜인 틀이나 매뉴얼이 없더라도 대충 알아서 다들 뭔가를 해낸다. 정해진 매뉴얼이 있더라도 이를 착실히 따르기보다는 나름대로의 방식으로 일을 개척해나가는 것을 좋아한다. 그러다 보니 부실 공사와 같은 부작용이 발생하기도 한다.

실제로 기업 경영자들의 얘기를 들어 보면, 직원들이 정해진 절차에 따라야 함에도 불구하고 자신의 방법에 따라 수시로 변형을 시도하는 이들이 많다고 한다. 이로 인해 규정이 사문화되기도 하고 특정인에 대한 의존도가 커지기도 한다.

그러나 이런 현상을 또 다른 측면에서 보면, 순발력과 적응력이 뛰어나다고 할 수 있다. 평균적인 한국인들은 상황에 따라 유연하게 적응하는 능력이 뛰어나고 눈썰미가 있다. 우리의 기술 수준이 거의 바닥이던 산업화 초기 시절, 선진국 공장들을 방문해 대충 훑어보면서 파악한 정보를 우리 것으로 만들어 빠른 시간 내에 기술 수준을 끌어올릴 수 있었던 것도 바로 이런 순발력과 적응력이 큰 역할을 했기 때문이다.

무에서 유를 만들어내는 데 매뉴얼 갖고 시작할 수는 없다. 물론일이 어느 정도 정비되어가면 반드시 표준화와 매뉴얼 작업이 병행되어야 작업의 효율성을 올릴 수 있는 것은 사실이다. 그러나 초창기에는 당연히 순발력과 적응력이 큰 역할을 할 수밖에 없다. 보완되어야 할 부분도 있지만 한국인들의 순발력과 적응력은 또 하나의 강점이다.

모든 것이 빠르게 바뀌어가는 시대라는 점을 감안할 때 한국인들이 가진 순발력과 적응력은 또 다른 차원에서 가능성의 문을 열어줄 것임에 틀림없다.

돈을 벌어본 경험

기회를 포착하고 문제를 해결하고 한걸음 더 나아가 이를 통해서 부가가치를 창출하는 힘은, 기계가 아니라 인간 그 자체에 내장되어 있다.

사람이 재산이라는 오래된 이야기를 굳이 인용하지 않더라도, 한국 사회가 가진 힘은, 부(富)를 만들어내는 기술이나 방법 등을 직접 실천해온 인적 자산에 있다는 사실을 쉽게 알 수 있다.

특히 우리나라의 경우 해외 교역 규모가 눈덩이가 굴러가듯 증가하였다. 한 나라 경제 규모에서 차지하는 수출입 비중, 즉 무역의존도는 1953년에는 13%에 불과했지만, 1970년에는 40%로 늘어났고, 1980년에는 80%, 그리고 2004년에는 86.35%까지 증가하였다. 해외시장뿐만 아니라 내수시장의 규모도 경제 규모의 증가와 맞물려 크게 성장해왔다. 이 과정에서 많은 사람들이 돈을 버는 정보와 경험

그리고 방법을 익히게 되었다.

　전국을 다니면서 새삼 깨닫는 사실은, 시장을 상대로 영리 행위를 주도하는 작은 조직들이 곳곳에 산재해 있다는 점이다. 그만큼 경제 활동을 위한 기반이 생각보다 탄탄하게 이루어져 있음을 확인할 수 있다. 경제 상황이 어렵고, 중국과 인도 같은 국가들이 부상함에 따라 많은 기업들이 그쪽으로 옮겨가고 있지만, 이런 와중에도 공급 체인의 위쪽으로 자리를 옮겨가는 데 성공한 기업들이 부지런히 생겨나고 있다. 이들은 적절한 환경과 기회가 주어지면 얼마든지 자신의 기량을 한껏 발휘할 수 있는 우리 사회가 갖고 있는 큰 자산이다.

풍부한 인적 자산

유학 연령이 점점 낮아지고 있는 데 대한 걱정의 목소리가 높다. 그리고 해외로 유출되는 해외 연수 및 유학 비용 증가에 대한 비판도 증가하는 추세다. 2001년에 해외 연수 및 유학 비용이 중요한 부분을 차지하는 서비스수지 적자 규모는 31억 달러 정도였는데, 2005년에는 무려 131억 달러의 적자가 발생하였다. 증가 추세는 당분간 멈출 기미가 보이지 않는다. 최상의 길은 그런 수요를 국내에서 수용하는 것이지만, 그것이 가능하지 않다면 개인의 선택에 맡겨놓을 수밖에 없다.

　정말 많은 학생들이 해외로 나가고 있다. 이를 개인의 입장에서 보면 자식의 머릿속에 좀 더 나은 교육 기회, 즉 교육 투자를 위한 부모의 선택이라 할 수 있다. 국가가 항만이나 도로와 같은 사회 기반 시설 건설에 심혈을 쏟는 것과 마찬가지로, 부모들은 자식의 탄탄한 미래를 위한 기반을 닦기 위해 노력하는 것이다. 그리고 이를 사회 전체의 입장에서 보면 다음 세대를 위한 지적 투자의 하나로 받아들일 수 있다.

세상사에는 전화위복이라는 것이 있다. 평등 지향적인 교육 정책이 가져온 파행을 극복하기 위해 부모들이 스스로 알아서 유학에 관심을 갖고 실천에 옮긴 일이, 훗날 우리 사회에 큰 도움을 주게 될 것이다. 따라서 필자는 유학 연령이 낮아지는 것을 그다지 걱정하지 않는다.

이미 유학 세대들이 정부 부처와 국내외 기업에서 활동하기 시작하였다. 지금 불고 있는 조기유학이나 어학연수의 바람으로 미루어 짐작컨대, 앞으로 우리 사회가 가질 수 있는 유능한 명품급 인재 풀은 크게 늘어날 것이다. 이들이 한국 기업뿐만 아니라 다국적 기업과 국제기관들에서 활동하는 사례 역시 대폭 늘어나게 될 것이다. 조기유학을 또 다른 시각에서 보면 해외에 건설하는 미래형 공장에 비유할 수도 있다.

굴지의 대기업들

재벌의 정경 유착이니 해서 한국의 대기업들은 그동안 숱한 비난의 대상이 되어왔다. 재벌 해체와 같은 주장을 내세우는 사람들도 있지만, 현재를 기준으로 과연 우리의 선택이 어떠했는가를 공정하게 평가할 필요가 있다.

세계화의 거센 파고 속에서 그나마 우리의 브랜드를 유지할 수 있었던 것은 대기업 위주의 성장 정책을 선택했기 때문이라고 생각한다. 만일 자체 기반을 가진 기업들을 육성하는 정책을 사용하지 않았더라면 외환위기와 같은 예기치 않은 사건 이후 우리 기업들은 마치 쓰나미와 같은 해일이 덮친 것처럼, 다국적 기업들의 지사 수준으로 전락하고 말았을 것이다. 결국 이것은 우리의 생활수준이 크게 낮아지는 것을 의미한다.

우리는 삼성전자, LG전자, 현대자동차, 포스코 등과 같은 굴지의 기업들을 가지고 있다. 이들이 가야 할 길은 여전히 멀고 치열한 경쟁에 노출되어 있지만, 이미 세계 일류 기업들과 어깨를 겨룰 만한 위치에 서 있다. 이들 기업들은 스스로 부가가치를 창출함으로써 우리 사회에 도움을 주었고, 부품이나 소재와 같은 연관 산업의 수많은 중소기업과 중견기업의 성장을 가능하게 하였다. 또한 의식, 기술, 디자인, 마케팅 등 한국 사회의 전반적인 수준을 끌어올리고, 이를 위해 지속적인 자극을 제공하고 있다.

2차 세계대전이 끝난 이후에 근대화의 기치를 걸고 뛰었던 나라들을 한번 찬찬히 살펴보라. 고만고만한 기업이 아니라 자국에 본사를 갖고 있으면서 글로벌 시장에서 당당히 겨룰 만한 브랜드를 가진 나라가 얼마나 되는가?

따라서 우리는 이 땅에 본사를 갖고 있고 한국인이 주축이 되어 움직이는 기업들을 귀하게 여겨야 한다. 물론 그들이 가진 허물도 있고 부정적인 면도 있을 것이다. 그럼에도 불구하고 그들은 우리가 일구어낸 자랑스러운 성취이자 미래의 성장을 위한 견인차라는 사실을 잊어서는 안 된다.

탄탄한 정보통신 인프라

한국의 정보통신 인프라는 세계적인 수준이다. 여기에는 정보통신 산업의 발달과 주요 기업들의 치열한 경쟁이 큰 기여를 했다. 또한 서울이나 수도권과 같은 대도시를 중심으로 인구가 몰려 있는 지역적인 밀집도 역시 큰 역할을 하였다.

탄탄히 갖춰진 정보통신 인프라를 이용하여 우리는 업무의 효율성을 올리고, 거래 비용을 낮추고, 아이디어의 교류를 촉진할 수 있다. 다시 말해서 부가가치를 높여가는 일을 할 수 있는 기반이 이미 완비되어 있는 것이다. 사용하기에 따라서 얼마든지 우리 사회의 전반적인 수준을 크게 끌어올릴 수 있는 기초를 갖고 있는 셈이다.

구비된 물적 인프라

필자는 전국에 강연을 다닐 때마다 이런 말을 자주 한다. "대한민국 사람들은 돈을 못 벌었다는 이야기를 해서는 안 된다." 그 이유는 곳곳에 거미줄처럼 잘 정비된 도로망, 철도망, 항만 때문이다. 물론 투자의 효율성이라는 면에서 보면 그처럼 대형 투자를 사용도가 떨어지는 곳에 중복되게 투입할 필요가 있냐고 지적하는 사람들도 있다. 그런 문제점을 충분히 고려하더라도 특히나 한국의 도로망 수준은 과거와 비교할 때 놀라울 정도로 잘 정비되어 있다.

물적 인프라의 존재는 물류의 흐름을 가능하게 하는 기본 요건에 해당한다. 이것이 잘 닦여 있다는 것은 이를 이용한 많은 경제활동들이 가능함을 뜻한다.

우리는 짧은 시간 내에 물적 인프라를 구축하였다. 이제 남은 과제는 이미 존재하는 물적 인프라 위에 다양한 경제활동을 펼쳐서 결과물을 만들어내는 것뿐이다.

앞에서 지적한 것들 외에도 우리는 많은 장점들을 가지고 있다. 그리고 우리를 둘러싼 시대 상황 역시 결코 불리하지 않다. 최근 급부상하고 있는 중국이나 인도의 성장은 시장이 확대된다는 긍정적인 측면에서 바라볼 수 있으며, 우리에게 강한 도전 과제를 제시함으로써 위기 극복에 대한 건설적인 자극과 분발을 불러일으킬 수 있다. 이른바 '아시아의 시대'가 주는 기회를 잘 활용하면 한국이 큰 수혜를 누릴 수 있다는 말이다. 게다가 엄청난 고도성장을 통해서 나라를 반석 위에 세워본 자신감을 갖고 있다는 것도 우리가 가진 큰 강점 가운데 하나이다.

우리가 가진 이 모든 자산들을 고려해볼 때, 지금 우리가 이런 요소들을 충분히 활용하고 있는가라는 질문에 대해 '그렇다'는 답을 할 수 있는 사람은 드물 것이다. 오히려 우리가 가지고 있는 자산의 활용 면에서, 딱 꼬집어 말할 수는 없지만 뭔가 커다란 문제점이 있다고 생각하는 사람들이 많을 것이다. 좀 더 분발할 수 있다는 수준에 그칠 것이 아니라, 자산의 활용이란 면에서 큰 성공을 거두기 위해 더욱 열심히 노력해야 한다고 생각하는 사람들이 많기 때문이다.

필자는 우리가 너무나 미흡한 수준에 머물러 있다는 평가를 내리고 싶다. 만일 우리가 그런 자산들을 갖고 있지 않다면 그다지 아쉬워할 필요가 없지만, 갖고 있는 것을 제대로 활용하지 못하고 있다는 생각이 들 때마다 화가 치밀어오른다. 이것은 결코 현명한 사람들이 선택할 만한 대안이 아니다.

따라서 '왜 우리들은 이미 갖고 있는 수많은 장점들을 활용하지 못하는가?'라는 질문에 대한 답을 진지하게 생각해 보아야 할 것이다

03
우리 문제의
핵심은 리더십이다

공동체는 다양하고 이질적인 사람들이 모인 대규모 집단이
며, 기업과 같은 조직들은 영리 추구라는 목적을 공유하는 비교적 동
질적인 사람들이 모인 소규모 집단이다. 종교단체나 시민단체 역시
동질적인 사람들이 모인 소규모 집단의 또 다른 사례라고 할 수 있으
며, 가정은 가장 소규모의 동질적인 집단이라 할 수 있다.

모든 집단은 규모, 동질성, 추구하는 목적, 명칭이란 면에서 제각기
다른 차이점을 가지고 있다. 하지만 모두가 흥망성쇠나 부침(浮沈)으
로부터 자유롭지 못하다는 공통점을 가지고 있다.

사람들이 입을 모아 최악의 상황이라 평가하는 환경 속에서도 위
기를 슬기롭게 극복하여 고도성장을 질주하는 조직이 있는 반면, 주
어진 상황이 제시하는 여러 가지 도전 과제들에 압도되어 어려움을
겪는 조직도 있다. 다시 말해서 성장하는 조직, 정체하는 조직, 그리

고 몰락하는 조직이 있는데, 그 원인은 무엇일까? 다들 알게 모르게 평소에 그런 질문들에 대해 궁금증을 가지고 있었을 것이다.

리더십은 공동체의 성과를 결정짓는 중요한 요소다

잘나가는 기업, 날로 성장하는 종교단체, 탄탄한 기반을 구축한 시민단체, 고도성장을 구가하는 국가, 화목함과 사랑이 넘치는 가정 등이 가진 공통점은 질적으로 우수한 리더를 가졌다는 것과 그들이 발휘하는 리더십이 뛰어나다는 사실이다. 어떤 상황에 처해 있든 간에 현명한 판단, 합리적이고 미래를 내다보는 계획, 구성원을 이끌어갈 수 있는 역량, 여기에다 실행력을 더할 수 있는 그런 리더를 가진 조직은 커다란 성장 곡선을 그리게 된다.

반면 편협한 시각, 시대의 변화에 동떨어진 사고방식, 좁은 안목, 기대에 미치지 못하는 역량, 실천력 부재, 여기에다 정직성까지 갖추지 못한 리더를 가진 조직은 자신이 갖고 있는 자산을 제대로 활용하지 못한 채 어려움을 겪게 된다.

자신이 속해 있는 공동체, 기업, 비영리단체, 가정에서 성과의 차이가 어디에서 생겨나는지 생각해보라. 그리고 그런 성과를 결정하는 요인들이 무엇인지 자신에게 질문을 던진 다음 찬찬히 기록해보라. 아마도 맨 윗부분에 놓이는 것이 리더와 리더십이란 항목일 것이다.

우리 사회가 당면하고 있는 문제도 바로 이 부분이라 할 수 있다.

물론 국가라는 공동체의 성과를 결정하는 요소는 매우 다양하므로 이를 엄밀하게 정량화하기는 어렵다. 그럼에도 불구하고 우리가 가진 풍부하고 다양한 자산을 고려해보면, '왜 우리가 이것들을 제대로 활용하고 있지 못할까?'라는 질문을 자연스럽게 던지게 되고, 여기에 부정적인 영향을 미치는 요소가 리더와 리더십임을 생각하지 않을 수 없다.

리더십의 회복과 업그레이드라는 프로젝트를 성공시키면 기업, 시민단체, 노동조합, 종교단체, 가정 등 우리 사회의 어떤 조직이든 현재의 성과를 크게 개선할 수 있다.

리더십은 권력이 아닌 영향력에서 나온다

그렇다면 한 국가로부터 시작해서 가정에 이르기까지 리더란 어떤 일을 하는 사람인가? 리더는 '자신이 몸담고 있는 조직이 소유하고 있는 자원을 활용해서, 조직이 추구하는 목적을 달성하기 위해 노력하는 사람' 혹은 '목표를 정의하고, 다른 사람들이 그 목표를 달성할 수 있도록 설득하며, 그들의 팀을 승리로 이끌 수 있는 사람'이다. 다시 말해서 리더는 '조직이 산출해낸 성과에 대해 최종적으로 책임을 져야 하는 사람'인 것이다.

그리고 리더십은 '조직이 추구하는 목적을 달성할 수 있도록 조직 구성원들에게 영향력을 발휘하는 기술' 혹은 '어떤 집단에서 한 개인이 그 집단의 목표를 이루는 데 도움이 되도록 다른 구성원에게 영향력을 행사할 수 있는 능력'이다.

그런데 이때 중요한 대목 가운데 한 부분은, 리더십은 권력에서 나오는 것이 아니라 영향력에서 나오게 된다는 점이다. 권력은 일방적인 지시와 통제를 행하는 물리적인 힘을 뜻하는 데 반해서, 영향력은 스스로가 만들어낸 권위에 바탕을 두고 있다. 영향력을 확보하는 데 있어 지위, 즉 자리가 일정 부분 역할을 할 수 있지만, 자리 그 자체만으로 영향력을 행사할 수는 없다. 그렇기 때문에, 다른 사람에게 강제할 물리적인 권력을 소유하고 있음에도 불구하고 존경보다는 경멸이나 무시를 받는 지도자들이 등장하게 마련이다.

권력과 권위의 관계에 대해 《리더십 키워드》의 저자인 제임스 C. 헌트는 다음과 같이 설명하고 있다.

> 권력은 원하지 않는 사람에 대해서도, 자신의 지위 또는 세력을 이용하여 자신의 의지대로 행동하도록 강제 또는 지배하는 능력이다. 반면에 권위는 개인의 영향력에 의해 사람들이 기꺼이 자신의 의지대로 행동하게 하는 기술이다. 권력이란 사고팔거나 주고받을 수 있다. 사람들은 권력자의 친척이거나 동료라고 해서 또는 부와 권력을 상속받음으로써 그러한 지위에 오를 수 있다. 하지만 이런 경우는 권위에 대해서는 절대 통용될 수 없다. 권위란 결코 사고팔거나 주고받을 수 없다. 권위란 한 인간으로서의 당신과 관련된 것이며, 당신의 인성, 사람들에 대한 영향력과 밀접하게 관련되어 있기 때문이다.
>
> – 제임스 C. 헌트, 《리더십 키워드》, pp. 38~39.

미국의 슈퍼볼 MVP로 우리에게 널리 알려진 하인즈 워드의 어머니 김영희 씨는 리더와 리더십에 대해서 의미 있는 교훈을 준다. 그녀는 탁월한 리더십을 보여주었다. 하인즈 워드에게 행사한 그녀의 긍정적인 영향력이 어려운 환경 속에서도 그로 하여금 발굴의 선수로 발돋움을 할 수 있도록 해주었기 때문이다.

그녀가 아들에게 행사한 것은 결코 어머니라는 지위에서 오는 물리적인 강제력은 아니었다. 그녀는 아들의 마음을 움직일 수 있었기 때문에 그녀가 의도하는 성과를 거둘 수 있었다. 헌신이 감동을 낳고 그 감동이 영향력을 낳게 된 셈이다. 오늘날의 한국이 있기까지 헌신한 어머니의 전형을 김영희에게서 찾을 수 있다. 또한 그녀는 리더란 누구인지, 그리고 리더십에서 중요한 부분은 무엇인지라는 점에서 멋진 사례를 보여주고 있다.

심리학자이며 하버드 대학의 교수로 있는 하워드 가드너 교수는 '20세기 민주주의 정치사에서 가장 성공적으로 마음의 변화를 이끌어낸' 인물로, 마거릿 대처 전 영국 총리를 드는 데 주저하지 않는다. 여기서 '민주주의 정치사'라는 단어 대신에 '경제 성장사'라는 단어로 대체하면 박정희 전 대통령이나 리콴유 전 싱가포르 총리를 들 수 있다. 싱가포르가 도시국가에 불과하고, 박정희 전 대통령이 민주주의 성장사 부분에서 부정적인 측면이 있기는 하지만, 이들은 절대빈곤으로부터 탈피할 수 있다는 가능성을 사람들의 마음속에 불어넣어 준 뛰어난 지도자였다.

지도자란 어떤 존재여야 하는지, 그리고 사람들이 가진 능력을 한껏 발휘하게 하려면 어떻게 해야 하는지에 대해 하워드 가드너 교수는 이렇게 말한다.

> 마거릿 대처는 공정한 사회구조를 만들어 누구에게나 국가 발전에
> 참여할 수 있는 기회가 주어지기를(그 자신이 몇 십 년 전에 그런 기
> 회를 가졌던 것처럼) 원했으며, 그 결과 능력 있고 강인한 사람들이
> 지도적 위치에 오를 수 있게 되기를 바랐다.
> 두말 할 필요도 없이 대처는 많은 이들의 마음을 바꾸어놓는 데 성
> 공했다. 그 덕분에 오늘날 영국은 아주 다른 국가가 되었다. 그리고
> 그는 자신의 지지자 혹은 반대자가 기대했던 것 이상으로 효과적이고
> 신속하게 성공을 거두었다. 그래서 그는 1990년 총리직에서 물러난
> 후에도 계속 정치적 담론의 주 메뉴가 되고 있다. 그의 보수당 후임자
> 존 메이저뿐만 아니라 노동당 계승자 토니 블레어도 주로 대처 정권
> 이 남긴 결과를 염두에 두면서 정책을 결정했던 것이다.
>
> – 하워드 가드너, 《체인징 마인드》, pp. 134~135.

지금부터 이 책에서 이야기하고 싶은 주제는 현재의 상황을 뛰어
넘어 우리의 공동체를 한 단계 더 높은 차원으로 끌어올릴 수 있는
리더와 리더십은 과연 어떤 모습이어야 하는가에 대한 것이다. 다시
말하면 탁월한 리더와 리더십의 조건에 대해 알아보고자 한다.

그렇다고 해서 여기에서 논의되는 탁월한 리더와 리더십의 조건
을 굳이 한 국가라는 공동체에만 제한할 필요는 없다. 리더십은 기
업, 비영리단체, 가정 등 두 사람 이상이 모인 곳에서 리더로 활동하
고 있는 모든 사람들에게 공통적으로 적용될 수 있는 조건이기 때문

이다. 탁월한 리더로 발돋움하기를 원하는 사람들이나 그런 리더를 선택하기를 바라는 사람들 모두에게, 존경받는 리더 혹은 탁월한 리더십의 조건에 대한 논의가 큰 도움이 될 것이다.

2부
과거가 아니라 미래를
이야기하는 희망 리더십

한 인간을 평가할 때 하나의 잣대로 활용할 수 있는
네 가지 측면, 즉 능력, 품성, 태도, 마음가짐이 가진 핵심 요소를 중심으로
희망을 주는 리더가 갖추어야 할 조건들에 대해 알아보겠다.

1장_리더의 능력이
조직의 미래를 결정한다

01
구성원이 나아갈 길을
명확히 제시하라

'나란 사람은 누구인가?', '내가 맡고 있는 자리는 나에게 무엇을 하기를 원하는가?', '이 시대는 어떤 일을 나에게 원하는가?', '자리에서 물러났을 때 나는 어떤 인물로 기억되기를 원하는가?' 이상의 질문들은 리더의 위치에 올라서는 데 성공한 사람들이 스스로에게 묻고 해답을 찾아야 할 질문들이다.

리더의 자리는, 자신이 하고 싶은 일을 마음대로 하는 자리가 아니다. 리더의 자리는 지위와 시대, 그리고 특정 상황이 자신에게 부과한 임무를, 자신을 따르는 많은 사람들을 대신해서 멋지게 수행하는 자리다. 물론 지위와 시대가 부과한 임무를 어떻게 정의할 것인가는 전적으로 리더의 판단과 의견에 달려 있다.

해야 할 일을 정확하게 파악해야 한다

리더의 직분을 맡았을 때 자신이 무엇을 해야 할지 명확히 파악하지 못하면, 자신이 이끄는 사람들에게 상당한 고통을 안겨주게 된다. 왜냐하면 자신과 함께 일하는 사람들을 엉뚱한 방향으로 이끌 수밖에 없기 때문이다.

내일을 예측하기 힘든 복잡다단한 세상이므로 조직과 구성원을 책임져야 할 리더에게 요구되는 일 역시 헤아릴 수 없이 많다. 이런 상황 속에서도 '내가 할 일은 이런 것이다'라고 명확하게 정리하는 것이야말로, 리더로서의 첫 단추를 제대로 끼우는 일이다. 만일 자신의 임무에 대해 명확하게 정리하지 않은 상태에서 출발하면 상황이나 요구에 압도되어 아무리 열심히 노력하더라도 성과가 제대로 나오지 않는다. 결국 무능한 리더라는 비난을 받는 상황에 이르게 된다.

리더가 자신의 할 일을 정확하게 파악하는 것은, 문제의 핵심을 꿰뚫는 능력과 일맥상통하기 때문에 전적으로 리더 자신의 능력에 좌우된다. 그런 능력을 갖춘 리더를 만나는 것은 어느 조직에서나 큰 행운이라 할 수 있다.

그리고 선거를 통해서 리더를 뽑는 경우에는, 유권자들은 선거에 임한 사람들 가운데 과연 누가 그런 리더인지 잘 판단해야 한다. 이를 잘 판단하려면 먼저 그가 과거에 어떤 성과를 만들어왔는지 찬찬히 살펴보아야 한다. 특히 임명직이 아니라 치열한 경쟁 속에서 확연한 성과를 기록한 사람이라면 어느 정도 자신의 능력을 입증하는 데 성공한 사람이라 할 수 있다.

필자가 알고 지낸 지 20여 년 가까이 되는 Y씨가 있다. Y씨는 사기업과 공기업 성격의 조직을 두루 거치면서 조직의 리더로서 탁월한 능력을 발휘한 사람이다. 한번은 그가 고향의 지방자치단체장으로 출마할 계획이라며 필자의 의견을 물어왔다. 이 질문에 필자는 "고생스럽고 말도 많고 탈도 많은 자리인데 굳이 그런 자리에 갈 필요가 있겠느냐"고 답해주었다.

그는 이 사람 저 사람의 의견을 종합해서 결국 출마를 하였고 자치단체장을 맡게 되었다. 이후 그를 쭉 지켜보면서 필자는, 과거에 그가 여러 조직에서 보여주었던 것처럼 이번에도 성공할 수 있겠구나라는 확신을 가질 수 있었다. 그 이유 가운데 하나는, 자신이 무엇을 해야 하는지 정확하게 간파한 뒤 업무를 장악해나가기 시작했기 때문이다. 한번도 공직 경험이 없는 사람이 공무원 조직을 이해하고 상황을 자신의 의도대로 이끌어가는 것은 보통 일이 아니다. 게다가 공무원들을 움직여서 눈부신 변화를 가져오는 일은 더더욱 어려운 일이다. 그 결과 상복이 터졌다라고 말할 정도로 온갖 상을 받는 그를 보면서 리더에게 요구되는 것이 무엇인지 다시 한번 생각하게 되었다.

조직을 운영해본 경험이 없는 사람, 예를 들면 학계에 있던 사람이 장관 자리를 맡았을 때 흔히 보이는 현상 가운데 하나는, 장관이 해야 할 일을 장관 스스로 결정하는 것이 아니라 부하 직원이 모두 결정해버리는 것이다. 장관은 정해진 의전 절차에 따라 이 모임 저 모임에 참가해서 부하 직원이 적어준 연설문을 읽는 게 전부인 경우가 허다하다.

오랫동안 공무원 조직에 몸담고 있는 사람들이 보기에 장관은 새로 들어온 9급 공무원과 별반 차이가 나지 않을 것이다. 실제로, 오랫동안 근무해온 고참 공무원에게서 "장관이나 지방자치단체장 역시 신입 9급 공무원과 다를 바가 없지 않습니까?"라는 이야기를 듣고 웃었던 적이 있다. 항상 신입이란 단어가 말해주듯이 길들이기에 따라서 얼마든지 달라질 수 있는 대상으로 보일 테니 말이다.

'이렇게 해서는 안 되는데'라는 후회가 될 때가 바로 물러날 때다

1968년부터 삼성그룹과 인연을 맺어 1999년까지 삼성그룹의 자문 교수로 활동하였던 이창우 교수는 자신의 책 《다시 이병철에게 배워라》에서 '사장이 할 일을 결정하는 건 부하 직원'이라는 재미있는 이야기를 소개하고 있다.

그러나 이것은 비단 사장의 일만이 아니라 모든 리더들이 한번쯤 깊이 생각해봐야 할 일이다. 리더가 문제의 핵심을 파악하지 못하면 결국 시간을 낭비하면서 허송세월을 보내다가 '이렇게 해서는 안 되는데' 라는 후회가 들기 시작하면 이미 물러나야 할 시점인 것이다. 그래서 조직을 책임진 리더는 항상 문제의 본질과 핵심을 파악하는 능력을 갖추기 위해 꾸준히 노력해야 한다. 그런 능력이 없는 사람은 높은 자리에 올라가서는 안 된다.

사실 많은 사람들이 자기가 해야 할 일이 무엇인지를 깊게 생각하지 않고 그냥 세월 가는 대로 물결치는 대로 흘러간다. 한번은 재미있게 얘기하는 재주를 가진 한 사장이 "사장이 해야 할 일을 누가 정하는 줄 아시오?"라고 질문을 해왔다. 그래서 "아니 사장 일을 사장이 정하지 누가 정합니까?"라고 반문하였더니, "아니야 사장 일은 밑에 사람들이 정해요. 나도 처음 사장이 되었을 때 내가 해야 할 일이 무엇인가를 찾기 위해 고민했었지요. 그런데 부하들이 소위 말하는 결재판을 들고 와서 '어떻게 하오리까?' 또는 '이러저러하게 일을 하려고 하는데 Go! 사인을 해주십시오'라고 말합니다."

그 사장은 재미있지 않냐는 표정을 지어 보이며 말을 이었다.

"다시 말해 밑에서 가지고 오는 일을 처리하다 보면, 또는 찾아오는 사람을 만나다 보면 웬만한 일은 자연스럽게 결정이 난다 이 말입니다. 오늘은 누구하고 어디서 술을 마시게 된다거나, 저녁을 먹게 된다거나 하는 것까지 모두 정해 가지고 오니 처음에는 고민할 겨를이 없지요. 그렇게 한참 정신없이 밑에서 시키는 일을 하다 보면 어느 사이에 시간이 훌쩍 지나가 있어요. 그때서야 '이래서는 안 되는데' 하면서 자기가 할 일을 스스로 찾으려고 하지만 그러다 보면 어느새 그만둘 시점입니다."

– 이창우, 《다시 이병철에게 배워라》, p. 39.

한편 대통령 자리라는 것도 이와 별반 다르지 않을 것이다. 상상할 수 없을 정도로 빡빡한 일정을 처리해야 하는 격무인데다 수많은 이해 집단들에게 노출되어 있는 실정을 감안하면, 정해진 일정에 따라 움직이는 일들이 대부분일 것이다. 따라서 '내가 최우선적으로 추진해야 할 임무가 무엇인가?'라는 부분에 대한 생각을 정리하고 다듬는 노력이 함께 행해져야 한다. '이래서는 안 되는데, 상황을 반전시킬 수 없을까?'라는 생각이 들 즈음이면, 이미 임기 후반부에 도달한 시점일 것이다.

20세기 민주주의 정치사에서 가장 극적으로 한 사회를 바꾸는 데 성공한 인물을 들자면 마거릿 대처를 들 수 있을 것이다. 그녀가 총리라는 리더로 선출되었을 때 그녀가 바라본 영국 문제의 본질이나 핵심은 "영국은 길을 잃었습니다"라는 한 문장으로 요약할 수 있다.

한때 전 세계 자본주의의 종주국이자 대영제국의 위엄을 달성했던 영국이 사회주의의 길로 들어서게 되었고 그 결과 무책임, 무력감, 저성장, 고실업이 지배하는 국가로 전락하고 말았다는 것이 그녀가 내린 결론이었다. 그녀가 총리로서 추진해야 할 임무이자 소명은 영국과 영국인들에게 나아갈 길을 찾아주는 것이었다. 자신이 추진해야 할 임무가 명확해지면 그다음에 무엇을 해야 할지는 의외로 간단하게 도출될 수 있다. 늘 그렇듯이 문제의 본질을 정확하게 파악하고 나면 그다음 문제에 대한 해결책은 의외로 단순하기 때문이다.

나는 우리가 문제가 생기면 정부가 알아서 해결해줄 것이라는 생각을 가진 사람들이 너무 많은 시대를 거쳐왔다고 생각합니다. '문제가 생겼다. 가서 보조금을 얻어와야지'라든가 '노숙자 됐어. 정부가 반드시 내 거처를 마련해줘야 해'라고 생각하는 겁니다. 이 사람들은 자기들의 문제를 사회에 떠넘기고 있습니다. 그런데 솔직히 사회라는 건 존재하지 않습니다. 개인이 있고 가족이 있을 뿐입니다. 그리고 그 어떤 정부도 사람들을 통하지 않고는 아무것도 할 수 없으며, 사람들은 반드시 우선 자기 자신을 보살펴야 합니다. 자신을 보살피고 난 후에 이웃 또한 보살피는 것이 우리의 의무입니다. 사람들은 의무도 수행하지 않고 뭔가 자기가 마땅히 얻어야 할 것을 얻어내겠다는 생각을 너무 많이 하고 있습니다. 사람이 먼저 의무를 수행하지 않는다면, 마땅히 얻어야 할 것 따위는 존재하지 않습니다.

- 마거릿 대처, 《국가경영》, pp. 556~557.

물론 문제의 핵심을 파악하는 능력은 하루아침에 만들어지는 것은 아니다. 세상 사람들이 바라보는 대로 편안하게 생각할 것이 아니라 치열하게 자신만의 관점으로 세상의 문제를 바라보려는 노력들이 하나둘 쌓이면서 그런 능력을 갖출 수 있게 된다. 리더를 꿈꾸는 사람들이라면 직위에 관계없이 '내가 해야 할 임무는, 한걸음 더 나아가 내가 수행해야 할 소명은 무엇인가?'를 묻고 또 물어야 한다. 평소에 그런 생활이 완전히 몸에 배어 있어야 중책을 맡더라도 '해야 할 일'을 찾는 데 시간을 소모하지 않을 것이다.

또한 선거를 통해서 리더를 뽑을 수 있는 자격을 갖춘 유권자라면 '내가 표를 던지는 이 사람은 자신이 무엇을 해야 할지 정확하게 이해하고 있는 사람인가, 아니면 말과 선전선동에 능한 사람인가'를 구분할 수 있어야 한다.

02
의식은 항상
미래를 향해야 한다

기회는 과거로부터 오지 않는다. 과거란 이미 알려진 것이므로 이를 통해 성공과 실패의 교훈을 얻거나 지식인들의 연구 주제로서 의미가 있을지 모르지만, 기회와는 거리가 멀다. 기회는 항상 불확실성과 함께하므로 미래로부터 온다.

결국 기회를 잡을 수 있느냐의 여부는 남보다 먼저 미래를 내다볼 수 있느냐에 좌우된다. 미래를 내다볼 수 있는 안목과 통찰력은 미래를 준비하는 데 필수적인 조건이기 때문이다. 따라서 미래를 어떻게 준비하느냐에 따라 개인의 운명이 결정된다고 할 수 있다. 그리고 조직을 이끄는 리더들이 미래를 어떻게 바라보고 준비하느냐에 따라 조직의 흥망성쇠가 결정되어진다.

미래 지향적인 리더가 필요하다

리더들의 특성을 이야기할 때 우리는 두 가지 형용사를 머릿속에 그려볼 수 있다. '과거 지향적'이란 단어와 '미래 지향적'이란 단어다. 과거에 자신이 성취한 것, 과거에 자신이 걸어온 길, 과거에 자신이 경험한 것들에 의해 리더의 의식이나 마음이 포획되어 있는 상태라면 미래를 준비하는 일은 우선순위에서 항상 뒤쪽으로 밀리게 된다.

리더 스스로 '과거는 흘러가버린 것이다. 과거는 역사다. 과거는 배움의 대상일 뿐이다'라고 정의하고, 앞을 향해 나아가는 것이 자신이 취해야 할 최상의 선택이라고 판단하면, 과거의 가치는 미래를 위한 준비에 도움이 될 수 있느냐의 여부에 따라 결정될 것이다. 만일 그런 선택을 하지 않는다면 자신이 가진 힘은 의도하든 하지 않든 간에 보복과 같은 모습으로 드러날 가능성이 높다. 모든 선택에는 편익과 비용이 따르듯이 이 같은 선택 역시 비용을 요구하게 되는데, 그 비용은 조직이나 공동체 내부의 갈등과 분열이다.

리더 자신이 과거 지향적인 리더의 자리를 고수할 수 있었음에도 불구하고, 과거를 훌훌 털어버리고 미래 지향적인 리더로 자리 매김함으로써 자신을 따르는 사람들은 물론 반대하는 사람들까지도 함께 미래를 향해 나아갈 수 있도록 만든 사람이 있다. 남아프리카공화국 최초의 흑인 대통령 넬슨 만델라가 그 주인공이다. 뛰어난 변호사였던 그는 아프리카 민족회의 구성원으로 활동하며 아파르트헤이트 정책에 대항하던 중 반역죄로 기소되어 무려 27년간이나 감옥에 갇혀 있었다. 그러나 자신이 권력을 쥐게 되었을 때 자신의 정적과 간수들에게 화해의 손길을 내밀었고, 그들과 함께 더 나은 미래를 창조하는 곳에 에너지를 쏟았다. 그는 결코 과거 지향적인 리더의 선택인 복수와 보복을 선택하지 않았다.

리더의 시선이 어디를 향하고 있는가라는 점은 리더 자신의 선택에만 그치지 않는다. 그의 선택은 조직이나 공동체 구성원들이 어디에 시선을 두어야 할 것인지에 커다란 영향을 미치게 된다. 다시 말해서 리더가 과거를 바라보기 시작하고 과거를 말하기 시작하면 구성원들 역시 과거를 바라보는 데 큰 비중을 둔다. 반면에 리더가 미래에 시선을 두면 구성원들의 시선 역시 미래를 향하게 된다.

박정희 전 대통령에 대한 공적과 과오는 빛과 그림자로 채울 수 있다. 하지만 과거를 바라보는 데 익숙한 한국 사람들의 시선을 미래로 향하도록 하는 데 결정적인 기여를 했다는 측면에서 그 공적을 높이 평가할 수 있을 것이다. 1960~1970년대에 그가 내린 선택은 '우리도 잘살아보세'였다. 당시에는 다들 하루하루 생계를 유지하기도 힘든 상황이었으니 '잘살아보세'라는 말 한마디에 개인과 국가의 미래가 담겨 있었던 것이다.

시대의 흐름을 읽어내는 능력이 필요하다

한편 기업과 같은 영리 조직을 이끄는 최고경영자의 경우에는 조직의 생존을 확보하는 일이 그에게 주어진 임무라 하겠다. 최고경영자는 주변 환경이 시시각각으로 바뀌어가는 상황에서 지속적인 성장의 동력을 확보하기 위해, 지금 무엇을 해야 하는가, 그리고 더 나은 미래를 만들어내기 위해 어떤 준비를 해야 하는가라는 두 가지 과제를 안고 항상 씨름해야 한다.

초정밀금형 분야에서 괄목할 만한 성과를 내는 인상적인 기업 리노공업을 방문하여 이채윤 사장과 대화를 나눈 적이 있는데, 산전수전을 다 겪은 그는 사장이란 자리를, 미래를 내다보고 준비하는 자리라고 말했다.

현재 상황은 매출이나 이익 면에서 괜찮습니다. 그러나 사업이란 것이 안심할 수는 없지 않습니까? 사업을 시작한 지 27년째입니다만, 처음 비닐을 만드는 사업에서 시작해서 계속 앞으로 무엇을 해야 살아남을 수 있을까라는 의문이 저의 생활 중심에서 빠졌던 적은 한 번도 없었습니다. 지금도 외형이나 모든 것들이 잘 돌아가고 있는 것처럼 보이지만, 저는 또 다른 도약의 발판을 만들어내야 한다는 절박감을 갖고 있습니다. 사업은 외발 자전거 타는 것과 마찬가지입니다. 조금이라도 방심해서 게을리 하면 언제 그렇게 잘 달렸느냐는 듯이 넘어져버리는 것이 사업이지 않습니까?

사업은 동전 쌓기와 비슷하다. 처음에는 동전을 쉽게 쌓을 수 있지만 점점 많이 쌓다 보면 갈수록 쌓기가 힘들다. 사업 역시 시간이 가면서 점점 쉬워지는 것이 아니라, 한순간의 잘못된 의사 결정으로 인해 그동안 쌓아온 것들이 일시에 무너져버리기도 한다. 그래서 하면 할수록 어려운 것이 사업이라 할 수 있다. 미래를 쉽게 내다볼 수 있다면 이런 어려움은 없을지도 모른다. 그러나 앞을 내다보는 일은 미지의 일이기 때문에 매우 어렵고 위험하다. 그럼에도 불구하고 누군가 그 일을 맡아야 하는데, 가장 큰 몫을 담당해야 하는 사람이 바로 조직의 리더다.

공동체의 운명 역시 마찬가지다. 시대의 흐름을 읽어내는 지도자의 능력이 국가의 운명을 가른 사례들을 가까운 20세기만 해도 쉽게 찾아볼 수 있다. 좋은 교육 배경을 가졌던 정치가 가운데도 시대의 흐름을 잘못 읽은 나머지, 이후 수십 년간 공동체 전체를 기아와 기근 그리고 가난으로 몰아넣은 이가 많다.

자본주의의 길과 공산주의나 사회주의의 길, 이 두 가지 선택은 2차 세계대전이 끝났을 때의 시대적인 분위기를 미루어 보면 지도자에게 있어 정말 어려운 선택 과제였을 것이다. 물론 오늘날의 기준에서 보면 이미 검증이 끝난 일이기 때문에 별반 어려움이 없지만 말이다. 이런 면에서 보면 우리가 자력갱생의 길이 아니라 개방과 경쟁의 길을 국가의 노선으로 선택한 것은 어마어마한 행운이었다. 이 같은 선택을 한 리더들의 혜안에 대해 우리는 후한 평가를 내려야 한다.

편견이나 선입견을 버려라

그렇다면 리더가 앞을 내다보는 능력을 키울 수 있는 방법은 무엇일까? 필자는 미래를 내다보는 능력이 아주 어려운 과제라고 생각하지 않는다. 물론 사람마다 우열이 있을 수는 있지만, 노력 여하에 따라서 얼마든지 자신의 능력을 강화할 수 있기 때문이다.

우선은 대상에 대한 사랑이 있어야 한다. '내가 이 사람들을 위해 무엇을 해야 하는가?'라는 질문에서부터 모든 고민이 시작되어야 한다. 질문에 대한 답은 결코 과거로부터 나올 수 없다. 그리고 열린 마음으로 세상의 정보를 대하면 시대의 흐름을 나름대로 정리하는 것은 어렵지 않다. 하지만 리더 자신이 특유의 편견이나 선입견을 가지고 있다면 정보를 해석하거나 미래를 있는 그대로 바라보는 데 있어 커다란 걸림돌이 될 수 있다.

흔히 리더들이 범하는 오류 가운데 하나는 자신이 가진 잘못된 믿음을 강화하는 정보만을 취사선택하는 것이다. 있는 그대로의 현실이나 미래를 냉철하게 직시하는 노력이 반드시 필요하다. 그렇지 않고 자신이 오래전에 가졌던 과거의 믿음을 추종하는 모습으로 미래를 해석하면, 한낮에도 어두운 밤을 방황하는 데 숱한 시간을 낭비하게 된다.

자신의 아집과 편견을 뛰어넘어 대상에 대한 사랑을 가지고 열린 마음으로 미래를 바라보기 위해 노력하는 리더가 사람들의 존경을 받을 수 있다. 자신의 경험, 지식, 정보 등을 끊임없이 재검토하고 때로는 아픔을 감수하고서도 자신이 가진 것들을 수정할 수 있어야 한다. 세상은 한참 앞을 향해 질주하고 있는데, 자신의 머릿속에 들어 있는 과거의 믿음을 더욱 강화하는 정보로 뭔가를 도모하는 리더는 위태롭기까지 하다. 여기에다 현실 세계에서 이미 검증이 끝나버린 이상향에 대한 그리움을 안고 이를 실현하는 것이 역사적 소명이라고 확신하고 행동에 옮기는 리더는 더더욱 위험하다.

모든 기회와 가능성은 미래로부터 온다. 그렇기 때문에 리더는 미래 그 자체에 대해 이야기하는 것을 좋아해야 하고, 미래 그 자체를 사랑할 수 있어야 한다. 가정이든 조직이든 공동체든 간에 그런 리더를 가진 구성원들은 흘러가버린 과거가 아니라 설렘으로 가득 찬 미래를 만들어갈 수 있을 것이다.

03

모두가 웅대한
비전을 꿈꾸게 한다

1974년 8월 9일 '워터게이트 사건'으로 권좌에서 물러난 리처드 닉슨 전 미국 대통령이 1982년에 집필한 《20세기를 움직인 지도자들》에는 탁월한 리더가 갖추어야 할 조건이 무엇인지를 명쾌하게 정리한 대목이 등장한다.

위대한 지도력이란 힘과 탁월한 비전을 구비한 매우 독특한 예술이다. 미국인들 사이에 널리 믿어 마지않는 신조가 있다면 그것은 국가가 필요로 하는 지도자란 대규모 기업을 능률적으로, 그리고 효과적으로 운영해본 실적을 가진 우수한 기업인이어야 한다는 것이다. 그러나 이러한 믿음은 어딘가 정곡을 벗어난 것이라고 나는 생각한다. 왜냐하면 경영과 지도력은 분명 별개의 것이기 때문이다. 남가주 대학 경영학과 교수인 워렌 베니스가 말했듯 "경영인이란 일을 바르게 하는 것이 목표인 데 반하여, 지도자란 바른 일을 하도록 하는 것이 목표"인 것이다.

지도력이란 기교가 필요한 것이긴 하지만 그 기교를 상회하는 그 무엇이어야 한다. 그런 점에서 경영이 산문(散文)이라면 지도력은 시(詩)라고 할 수 있을 것이다. 지도자란 필연적으로 광범위한 기초 상상력, 또는 역사의 원동력이라 할 활기 넘치는 아이디어를 갖지 않으면 안 될 것이다. (…)

위대한 리더십은 하나의 위대한 비전을 요구한다. 그 비전이 바로 지도자를 고무하고, 그를 통하여 국민들을 분발시키기 때문이다. 국민들은 지도자를 존경하거나 미워하거나 둘 중 하나를 택하지, 그를 두고 무관심한 사람은 거의 없다.

— 리처드 닉슨, 《20세기를 움직인 지도자들》, pp. 23~24.

위대한 비전을 제시하는 능력이 필요하다

닉슨이 위에서 언급한 지도자들은 그가 35년간의 공직 생활에서 만났던 윈스턴 처칠, 찰스 드골, 콘라드 아데나워, 저우라이, 그리고 요시다 시게루 등과 같이 나라를 이끄는 책무를 맡은 사람들이다. 닉슨이 지적하고 싶어 하는 점은 나라를 이끄는 리더와 조직을 이끄는 경영자 사이에는 엄연한 차이가 있다는 것이다.

어떤 차이일까? 나라를 이끄는 리더는 조직을 이끄는 리더들에 비해서 꿈(dream)과 환상(fantasy), 그리고 매력적인 이야기(charming

story)를 듬뿍 담은 비전을 국민들에게 제시할 수 있어야 한다. 닉슨
이 말하는 '위대한 비전'은 텍스트 형식 못지않게 시(詩)처럼 다소의
환상과 감상 그리고 은유를 포함하고 있어야 할 것이다. 물론 국가나
조직 모두 비전을 필요로 한다. 하지만 공동체와 조직의 성격이 다를
수 있다는 점은 귀담아 들어두어야 할 대목이다.

비전의 차이는 집권 이후에만 중요한 것이 아니다. 집권을 하기 위
해 경쟁하는 과정에서도 중요하다. 당선될 가능성이 높은 사람은 꿈과
환상, 그리고 매력적인 이야기를 담은 비전을 국민들에게 제시하는 데
능한 사람일 것이다. 효율성이란 이슈는 그다음 과제라고 할 수 있다.
사람들은 이성에 의해 납득하지만, 감정에 의해 움직인다.

그렇기 때문에 특히 정치 지도자의 경우에는 위대한 비전을 제시
하는 능력이 집권 가능성을 높일 뿐만 아니라, 집권 이후의 성공 가
능성을 높인다. 닉슨은 자신이 만났던 위대한 정치적 지도자들이 가
졌던 공통점을 두고 이런 평가를 내린다.

내가 알고 있는 진정한 의미에서의 강한 지도자들이란 한결같이
뛰어난 지성과 엄격한 자제력과 열화와 같은 정열에, 지나칠 정도의
자신감과 그리고 항상 높은 꿈을 좇으며, 주위 사람들을 몰아칠 줄 아
는 사람들이었다. 그들은 모두가 언제나 지평선 너머를 보고 있는 사
람들이었다. 물론 그 가운데는 더 멀리 잘 보는 사람들이 있는가 하면
그렇지 못한 사람도 없는 것은 아니었다.

– 리처드 닉슨, 《20세기를 움직인 지도자들》, p. 25.

공동체를 이끄는 지도자는 항상 지평선 너머를 보아야 할 뿐만 아니라, 지평선 너머에 존재하게 될 목적지를 구성원들에게 적극적으로 알리고 구성원들이 이를 향해서 나아가도록 독려할 수 있어야 한다. 근래 한국의 대통령 선거전을 되돌아볼 때, 객관적으로 우세한 조건을 가진 정당이 연이어 선거전에 패배하는 까닭은 무엇일까? 한마디로 꿈과 환상, 그리고 매력적인 스토리를 담은 위대한 비전을 보통 사람들에게 전달하는 데 실패했기 때문이다. 공동체를 이끄는 리더라면 이 부분을 정확하게 알고 있어야 한다. 다음번 대통령 선거전에서도 위대한 비전의 제시 여부가 선거전의 승패에 상당한 영향력을 행사하게 될 것으로 보인다.

상상력의 한계를 뛰어넘는 웅대한 비전이 세상을 바꾼다

누구나 알 수 있고, 누구나 생각할 수 있는 그런 비전으로는 국민들의 마음을 사로잡을 수 없다. 비전은 상상력 그 이상의 세계와 강렬한 염원, 그리고 비상(飛上)에 대한 욕망을 담아낼 수 있어야 한다. 하나의 공동체를 기준으로 할 때, 위대한 비전의 설정과 이를 향한 지속적인 노력이 보통 사람들의 삶을 어떻게 바꾸어놓을 수 있는가를 보여주는 사례로, 페르시아 만 초입에 위치한 중동 국가 두바이를 들 수 있다.

두바이는 아랍에미리트(UAE) 내 7개 토호국 가운데 하나로 면적은 서울의 약 6.4배, 인구는 114만 명에 불과하다. UAE는 세계 3위

의 산유국이며 세계 4위의 가스 보유국이다. 하지만 대부분의 자원
은 아부다비에 집중되어 있으므로, 두바이는 부존 자원이 빈약한 편
이다. 하지만 두바이는 그 어떤 국가도 생각지 못한 창의력과 역발상
으로 전 세계의 이목을 집중시키며 기적을 만들어내고 있다. 두바이
를 방문하는 사람들은 사막 한가운데 신기루처럼 우뚝 서 있는 각양
각색의 고층 건물들과 엄청난 개발 현장을 목격하면 다들 입을 다물
지 못한다. 두바이의 개발 현장을 방문한 정현아 DIA건축연구소 대
표는 현장의 분위기를 이렇게 전한다.

> 사막의 모래 바람 한가운데서 신기루가 현실화되고 있다. 두바이
> 의 수도 두바이 시가 세계 최고, 세계 최대의 엄청난 개발 현장으로
> 변모한 것이다. 두바이 시는 중동 지역에서 부동산, 금융, 무역, 관광,
> 레저, 쇼핑의 새로운 중심으로 떠오르고 있다. (…) 최고급을 지향하
> 는 리조트 시설, 사막 최고 최대 규모의 마천루 건설, 불가능할 것 같
> 은 간척사업의 실현, 쇼핑 축제 등의 이벤트 개최, 해외 투자자를 위
> 한 거리낌 없는 정책……. 이 모든 것은 수요가 낳은 건설이 아니라,
> 개발이 거꾸로 수요를 만들어내는 두바이 식 도시 개발 모델의 한 부
> 분이다.
>
> – 정현아, '사막의 달러박스' … 신기루가 현실로, 《동아일보》, 2006. 2. 7.

두바이의 고성장 사례는, 세상은 간절히 원하는 모습으로 만들어
질 수 있음을 잘 보여준다. 대부분의 중동 국가들이 종교와 이념 문
제로 고통을 겪고 있음에도 불구하고 두바이가 이처럼 발굴의 실력

을 발휘할 수 있는 이유는 무엇일까? 그것은 바로 리더가 지닌 미래에 대한 통찰력, 그리고 원대한 비전의 설정과 추진력이다. 중동의 여러 국가 리더들이 '석유 고갈에 대비해야 한다'는 위기감을 느끼고 있지만, 실제로 이에 대한 해결책을 제시하여 미래를 준비한 리더는 찾아보기 힘들다.

두바이에서 최초로 석유가 발견된 1966년, 당시 두바이를 이끌었던 셰이크 라시드는 석유를 통해 얻은 수입을 학교, 병원, 도로 등 사회간접자본에 투입하였다. 뿐만 아니라 다른 중동 국가들에 비해서 개방과 실용주의 노선을 견지했다. 1970년대 중동에서 근무했던 사람들은 당시에도 이미 두바이는, 엄격한 금주를 실시하는 다른 중동 국가들에 비해서 관대한 정책을 실시하는 등 매우 개방적이고 실용적인 자세를 취해왔다는 점을 지적하기도 한다.

그러나 실제로 두바이 발전의 청사진을, 그리고 비전을 세워서 이를 적극적으로 추진해온 인물은 현재의 왕인 셰이크 모하메드다. 그는 영국 군사학교 출신으로, 국제 경험이 풍부하다. 왕세자 시절이던 1995년부터 두바이 발전 마스터플랜인 '비전 2010'과 '비전 2020'을 세워서 이를 지속적으로 추진해오고 있다. 꿈과 환상을 담은 원대한 비전은 인간이 가진 상상력의 한계를 실험이라도 하듯 각종 오성급 호텔, 금융센터, 끝없이 펼쳐진 인공섬, 세계 최고의 쇼핑몰 등을 건설하는 프로젝트들을 가능하게 하고 있다.

언젠가 노무현 대통령이 두바이를 공식 방문하여 건설 현장의 웅장한 광경을 돌아보면서 '충격이었다', '기가 좀 죽었다'라는 표현을 사용했다는 기사를 읽은 적이 있다. 당시 필자의 머릿속에는 두바이의 화려한 스카이라인과 건설 현장 밑바닥을 흐르는 강력한 메시지, 즉 '상상력의 한계를 뛰어넘고자 하는 지도자의 웅대한 비전이 세상을 바꾼다'는 표현이 떠올랐다. 당시 대통령과 수행원들이, 두바이 방문에서 배워야 할 점은 건축물의 웅대함과 같은 하드웨어가 아니라 상상력의 한계를 뛰어넘는 인간의 의지와 열망이라는 소프트웨어라는 사실을 과연 염두에 두었을까 하는 의구심이 들었다.

리더는 꿈과 희망을 파는 최고의 세일즈맨이다

언제 어디서나 삶은 그다지 녹록하지가 않다. 우리 앞에는 항상 해결해야 하는 난제가 놓여 있다. 그렇기 때문에 리더는 현재를 기준으로 주어진 한계를 훌쩍 뛰어넘어서 멋진 미래를 창조해나가야 한다. 그리고 꿈과 희망을 구성원들에게 전달할 수 있어야 한다.

그래서 필자는 리더란 '꿈과 희망을 파는 최고의 세일즈맨'이란 표현을 즐겨 사용한다. 대통령은 국민들 개개인의 마음속에 위대한 사회 건설을 위한 꿈과 희망을 팔아야 하고 팔 수 있어야 한다. 그리고 조직의 리더들은 구성원들이 열심히 하면 도달할 수 있는 최종 목적지를 보여주어야 한다. 마찬가지로 한 집안의 가장이라면 가족 구성원들에게도 미래를 어떻게 맞아야 하고 어떤 미래를 만들어가야 하는지를 보여주어야 한다.

논리적이고 이성적으로 그 꿈이 달성 가능한지의 여부는 그다음 과제라 할 수 있다. 다만 한 가지 분명한 사실은 꿈꾸는 세상에 가까이 다가설 수 있고, 다가서기 위해 노력하도록 만드는 요소 중 원대한 비전의 공유만큼 중요한 것도 드물다는 점이다.

그런데 비전은 혀 끝이나 붓 끝에서 나오지는 않는다. 그것은 한 인간이 어떤 삶을 살아왔는지, 다시 말하면 그가 살아온 치열한 삶을 통해서 나온다. 인생의 국면마다 건성으로 살아온 사람에게 비전을 기대할 수는 없다. 비전을 마음으로 전달할 수 있으려면 자신의 삶 자체가 치열함으로 점철되어 있어야 한다. 그런 사람들은 스스로를 감동시킬 수 있기 때문에 타인도 감동시킬 수 있다.

비전은 벽걸이에 걸어놓기 위한 근사한 장식품이 결코 아니다. 그것은 삶을 통해서 한 인간의 가슴으로부터 우러나와 문장으로 표현되고 행동으로 보여져야 한다. 바닷가에 모인 행락객이나 구경꾼으로 살아온 사람에게서 비전을 기대할 수는 없는 일이다.

훗날 리더가 되기를 소망하는 사람이라면 우선은 자신의 삶 자체가 다른 사람에게 감동을 줄 수 있어야 한다. 그런 각오가 없다면 결코 리더가 될 수 없다. 만일 여러분들이 유권자라면 후보자들의 삶 속에 감동이 스며들어 있는지 유심히 살펴보라. 입에서 나오는 그런 비전이 아니라 가슴으로부터 뿜어나오는 비전의 유무를 판별할 수 있을 것이다.

04

리더가 해야
할 일은 따로 있다

누구나 분주하지만 리더는 특히 바쁘다. 자리가 올라갈수록, 움직이는 조직의 규모가 클수록 리더는 일의 경중과 완급을 조절할 수 있어야 한다. 우선순위를 결정하는 능력을 상실하면 눈썹이 휘날릴 정도로 분주하게 뛰어다녀도 그 결과는 실망스럽게 끝나는 경우가 많다. 이따금 주변에서 잔뜩 일을 벌여놓은 채 쩔쩔매는 사람들을 볼 때가 있다. 리더가 이런 지경에 빠지면 난감한 일이 한두 가지가 아니다. 자원을 낭비할 뿐만 아니라 시간을 놓쳐버리는 결정적인 잘못을 범하게 된다.

우선순위를 결정하는 일이 중요하다는 사실은 다들 알고 있지만, 이것을 자연스럽게 실천에 옮길 수 있는 사람은 그다지 많지 않다. 왜냐하면 아는 것과 그것을 몸에 배인 습관으로 만들어내는 것은 또다른 차원의 문제이기 때문이다.

우선순위를 결정하는 능력을 익혀라

우선순위를 결정하는 능력은 리더가 갖추어야 할 개인적인 능력에 속한다. 우선순위를 결정하는 과정은 비서를 비롯한 여러 사람들이 도와줄 수 있지만, 결국 최종 결정을 내리는 사람은 리더 자신이기 때문이다. 언제 어디서나 리더는 결정해야 할 업무, 지시하고 확인해야 할 업무, 참가해야 할 모임들이 꼬리에 꼬리를 물고 기다리고 있다. 그렇기 때문에 우선순위를 결정하는 능력을 갖지 못하면 항상 일에 휘둘려 엄청난 스트레스를 겪게 되고 건강까지 상하게 될 가능성도 높다.

뿐만 아니라 정작 에너지와 신경을 쏟아야 할 부분을 놓치는 잘못을 범할 가능성이 높다.

나라를 이끄는 리더의 리더십에 대한 담소 가운데, 남덕우 전 부총리는 우선순위를 중요하게 여겼던 박정희 전 대통령에 대해 다음과 같은 평가를 내렸다.

어떻게 보면 우리나라의 경제 발전 전략은 요충 공격식이라고 말하는데, 그럴 수밖에 없었던 거죠. 저는 지도자의 첫째 조건은 우선순위에 대한 투철한 감각이라고 생각하는데, 박정희 대통령은 그 우선순위를 확실히 갖고 있었어요. '첫째는 경제이고, 그다음은 반공(反共)이다.' 이것이 뚜렷했거든요. (…) 처음부터 균형 발전이다 공동 분배다 해가지고는 흔히 유행했던 남미 스타일의 개발이 되어 실패했을 것입니다. 그러니까 문제가 다양하고 복잡할 때는 순위를 결정해 가지고 우선적인 과제에 대해서 역량을 집중해야 합니다. 그것이 어느 나라의 역사상에서도 지도자의 첫째 요건이 되는데 박정희 대통령은 그러한 우선순위, 다시 말하면 경륜이 뚜렷한 지도자였다고 말하고 싶습니다.

– 김성진 편저, 《박정희 시대》, pp. 23~24.

평소에 우선순위를 중심으로 생활하는 데 익숙하지 않은 사람이 어느 날 갑자기 리더의 위치에 서게 되었다고 해서 그런 능력이 생겨나는 것은 아니다. 오랜 세월 동안, 생활을 조직화하고 삶을 조직화함으로써 최고의 성과를 만들어내는 삶의 방식이 몸에 밸 때 그런 능력을 갖출 수 있다.

내가 할 일과 남이 할 일을 구분하라

리더가 당면하게 되는 격무를 떠올리면, 퇴임 경영자들의 소규모 모임에서 있었던 담소가 생각난다. 국내의 여러 대기업에서 오랫동안 CEO로 일했던 분이 다음과 같은 이야기를 했다.

"공무원부터 차근차근 올라가지 않은 사람이 갑자기 장관에 발탁되면 2~3년 후 대부분 격무와 스트레스 때문에 치아에 문제가 생깁니다. 그래서 자리를 그만두고 나와 맨 먼저 찾는 곳이 주로 치과입니다."

이 말을 듣고 "그런데 업무의 강도나 스트레스 면에서 보면 지금까지 일해오신 직장들이 장관 자리보다 더 격무가 아닌가요?"라고 되묻자, 그분은 웃으면서 "공 박사님 이야기가 맞습니다. 우리도 엄청난 격무와 스트레스 속에서 일합니다. 그러나 공직에 몸담은 사람과 우리의 차이점은, 기업의 경우 대부분 빌딩 내에 전용 치과가 있다는 점입니다. 그래서 장관들처럼 치아가 상할 지경까지 내버려두지 않고 수시로 손보기 때문에 틀니를 해야 할 정도로 최악의 상황까지 가지는 않습니다"라고 말했다.

조직을 이끄는 사람들이 처한 격무를 단적으로 보여주는 이야기다. 누구나 한정된 시간을 자신이 완수해야 하는 업무들을 처리하는 데 배분해야 한다는 점에서 볼 때, 리더 역시 생활을 경영하는 사람이다.

모든 경영은 효율성을 지향해야 한다. 적게 투입하고 많이 거둘 수 있는 나름의 방법을 찾을 수 있어야 하고, 허드렛일보다는 본질적인 문제에 초점을 맞추어서 자원을 배분할 수 있어야 한다. 이처럼 우선순위를 갈고닦는 일은 처음에는 앎의 문제지만 시간이 지나면서 점점 관행 혹은 습관의 문제가 된다. 다시 말해서 개인의 몸에 배게 되는 것이다. 이 습관이 가진 독특한 점은 좀 더 나은 방법을 찾아서 계속해서 고쳐나가야 한다는 점이다.

우선순위 결정 능력을 키우기 위한 첫 번째 걸음은 기업 경영에서 흔히 사용되는 '인하우스(in-house)'와 '아웃소싱(outsourcing)'에서 시작되어야 한다. 내가 해야 할 일은 무엇인가, 그리고 다른 사람들이 행해야 할 일은 무엇인가를 엄격하게 구분할 수 있어야 한다. 대통령이 해야 할 일, 장관이 해야 할 일, 사장이 해야 할 일이 따로 있게 마련이다. 그런데 장관이 과장급 일을 하고 있거나, 사장이 대리급 일을 하고 있다면 항상 시간에 허덕이면서 살아갈 수밖에 없다. 거듭 이야기하지만 이처럼 시간과 에너지를 쓸데없는 부분에 쏟고 나면, 정작 자신이 추진해야 할 중요한 업무를 등한히 하거나 실수하게 될 가능성이 높아진다.

우선순위 결정 능력을 키우기 위한 두 번째 걸음은 생활에 대한 통제력을 가질 수 있도록 노력해야 한다는 점이다. 자신이 해야 할 일의 전모를 머릿속에 그려보고 이를 또박또박 문장으로 정리해보는 것도 생활에 대한 통제력을 기르는 좋은 방법이다. 정리를 하다 보면 무엇이 긴급하고 중요한지, 그렇지 않은지에 대해 나름의 견해를 세울 수 있을 것이다.

20세기의 걸출한 정치인으로 유명한 윈스턴 처칠의 삶 속에는 그림 그리기, 목욕하기, 낮잠 자기 등과 같은 사소한 일상 규칙들이 들어 있다. 그는 정치 세계에서 생기는 부담감을 극복하는 출구로서 그런 습관들을 활용하였을 것이다. 언젠가 그는 "그림이 아니었으면 나는 살아남을 수 없었을 것이다. 그리고 그 많은 압박과 긴장을 이겨내지도 못했을 것이다." 생활의 완급을 조절하고 통제력을 유지함으로써 지나치게 자신의 삶이 가열되지 않도록 조절할 수 있는 지혜를 그에게서 얻을 수 있다.

리더들은 항상 시간과 에너지를 필요로 하는 끊임없는 수요에 시달린다. 또한 힘을 많이 가진 리더일수록 도와달라는 부탁을 많이 받게 된다. 이런 상황에 처했을 때 '아니오'라고 단호하게 이야기할 수 없는 사람이라면 타인의 일정표에 따라 움직일 수밖에 없을 것이다.

우선순위를 결정하는 능력을 상실한 리더는 업무에 치인 나머지 늘 고단하다. 그리고 이러한 사실은 리더의 언행을 통해서 주변 사람들에게 알려지게 되고 결국 구성원 전체에게 영향을 미치게 된다. 항상 일에 지친 가장이 가족 구성원들에게 어떤 영향을 미치는지를 생각해보면 금세 그 결과를 알 수 있을 것이다. 대통령과 국민, 사장과 식원, 가장과 자녀는 모두 같은 관계라고 보면 된다.

리더는 방향을 정해서 이끌어가는 사람이다. 그렇기 때문에 스스로 생활을 통제하고 씩씩한 상태를 유지할 수 있어야 한다. 씩씩함은 그냥 주어지는 것이 아니라 우선순위 중심의 생활 체계를 이루고 있을 때 가능한 일이다.

05
리더가 나서서
커뮤니케이션을 주도하라

인간은 제각각 다른 생각, 외모, 취향, 성장 배경 등을 가지고 살아가므로 부모나 자식처럼 대면 접촉이 가능한 사람들끼리도 커뮤니케이션 문제로 어려움을 겪는다. 그런데 집단의 규모가 커지면 소규모 집단에서는 경험할 수 없는 차원의 문제가 발생한다.

이따금 상장을 앞두었거나 상장에 성공한 기업들을 방문할 때면 사장과 임직원 사이에 존재하는 인식 격차 문제를 경험하게 된다. 대체로 사장들은 "회사는 점점 더 성장하는데 임직원들은 이에 걸맞은 노력을 하지 않고 있다"고 말하고, 임직원들은 "예전에는 사장님이 그렇지 않았는데 점점 시간이 갈수록 거리감이 생긴다. 사람이 달라진 것 같다"는 불만을 토로한다. 본래 사람이란 상대방의 입장에서 생각하는 일이 쉽지 않기 때문에, 대수롭지 않게 넘겨버릴 수 있는 사건이 오해를 키우기도 한다.

이 또한 커뮤니케이션 문제로 정리할 수 있다. 직원수가 10~20명 정도의 작은 규모의 회사는 두 눈으로 항상 서로의 의사를 확인할 수 있기 때문에 오해가 발생될 소지가 적다. 그러나 조직의 규모가 커질수록 소통의 문제 역시 커진다.

적극적인 커뮤니케이션이 필요하다

사람들로 이루어진 조직 내부에는 항상 루머나 오해가 함께한다. 이를 테면 루머나 오해가 끊임없이 생겨날 수 있는 토양이나 배경이 완비되어 있는 것이 정상 상태이다. 왜냐하면 사람들은 누구나 흥미 있는 이야기나 가십거리를 좋아하기 때문이다. 또한 조직이나 그 내부에 몸담고 있는 사람을 둘러싸고 있는 환경이 계속해서 변화하기 때문에 불확실성이나 불안감이 늘 함께할 수밖에 없다.

이처럼 인간의 삶과 조직의 속성상, 변화에 대한 각자의 인식이 낳는 차이로 말미암아 루머나 오해가 생겨날 수밖에 없다. 그렇다면 이것이 의미하는 바는 무엇인가? 그것은 적극적인 소통이 필요하다는 것이다.

일전에, 승승장구하다가 주력 시장의 갑작스러운 추락으로 어려움을 경험하고 있는, 한 회사를 방문한 적이 있었다. 200여 명의 규모로 이루어진 그 회사는 위기 타개라는 과제를 안고 있었다. 모처럼 CEO가 전 직원을 모아놓고 주변의 상황 변화에 대해 설명하는 모임을 가졌는데, 그 회사 CEO의 이야기 중에 이런 대목이 있었다.

제가 이렇게 전체가 모이는 모임을 개최하게 된 이유 가운데 하나는 최근에 겪었던 일이 가르쳐준 교훈 때문입니다. 경쟁사가 부도가 나면서 그곳에서 근무하던 고급 엔지니어들이 팀을 이뤄 저희 회사에 입사하겠다는 요청을 해왔습니다. 그래서 형편은 안 되지만 놓치기 어려운 사람들이라서 한번 만나보기로 하였습니다. 그들을 만나자마자 "도산에 이른 원인이 무엇이라 생각합니까?"라는 질문을 던졌습니다. 그러자 돌아오는 대답은 하나같이 사장의 잘못 때문이라는 것이었습니다. 저는 그 회사 사장과 동업자였으므로 비교적 그 사람을 잘 압니다. 물론 그가 내린 결정이 잘못된 부분도 있었겠지만, 결정적인 원인은 시장 상황의 급변 때문이었습니다.

그 일로 인해 저는 사람들의 마음이 나와 똑같지 않다는 사실을 깨달았습니다. 이전에는 전 직원이 모일 공간이 부족한 탓에 전체 모임은 일 년에 한두 번 정도 야유회 때나 가능했습니다. 전체 모임이 필요하다는 생각은 했지만 그렇게 중요하다는 생각은 미처 하지 못하였습니다.

특히 경쟁사와의 격렬한 경쟁이 진행되는 상황, 혹은 갑작스러운 위기 상황을 맞을수록 대면 접촉이나 대면 접촉을 대신할 수 있는 적극적인 커뮤니케이션이 있어야 한다. 우리를 둘러싸고 있는 상황이 어떻게 바뀌고 있는지, 우리는 이를 어떻게 대응하고 있는지, 그동안 거둔 성과가 어느 정도인지, 앞으로 우리가 어떻게 해나가야 하는지, 그리고 각자 해야 할 일은 무엇인지 등에 대해서 적극적으로 리더가 나서서 알리고 설득하고 격려해야 한다.

사내 커뮤니케이션뿐만 아니라, 다양한 이해 당사자들로 구성된 사외 커뮤니케이션의 속성이나 원칙도 이와 비슷하다. 그러므로 리더가 나서서 기사화될 수 있는 내용들을 적극적으로 생산하지 않으면, 부정적인 루머나 가십거리 등이 생겨날 수밖에 없다.

리더가 커뮤니케이션 문제에 각별히 신경을 쓸 수밖에 없는 것은, 조직이 가진 생리와 깊은 관련이 있다. 조직 역시 개인과 마찬가지로 하나의 활동 단위다. 리더가 나서서 커뮤니케이션을 행하는 것은 조직에 새로운 정보와 자극을 불어넣는 일련의 과정이다. 정체된 조직은 새로운 정보 유입과 자극이 봉쇄된 조직임에 분명하다. 마치 우리가 음식물을 통해서 신체 활동에 필요한 에너지를 얻듯이, 조직 역시 새로운 정보와 자극을 통해서 활력이란 정신적 에너지를 얻는다. 따라서 커뮤니케이션의 원활화는 리더의 역할 중 큰 요소를 차지한다.

화합과 통합을 촉진하는 표현이 앞서야 한다

조직이 추구하는 중요한 가치인 성장과 통합이란 두 가지 측면에서 볼 때, 기업은 성장에 좀 더 큰 비중을 두고 있다. 반면 공동체는 통합이란 요소를 무시할 수 없다. 따라서 구성원들을 어떻게 통합해나가느냐는, 공동체를 이끌어가는 리더에게 매우 중요한 덕목이라 하겠다.

이때 공동체의 리더에게 특별하게 요구되는 것은 언어의 선택이다.

첫째, 분열과 갈등을 인위적으로 조장하는 듯한 표현을 삼가고, 항상 화합과 통합을 촉진하는 표현을 사용해야 한다. 특정 그룹을 지나치게 편애하는 표현 역시 마찬가지다. 설령 특정 그룹을 편애할지라도, A그룹도 분발해야 하지만, B그룹도 분발해야 한다는 식으로 표현해야 한다. 만일 A그룹과 B그룹이 제로섬 게임을 하는 듯한 표현을 사용하면, 구성원들 사이에 분열이 생겨나고 참여 의식을 현저하게 낮추는 결과를 가져올 수 있다.

둘째, 리더의 말은 명료함을 그 특징으로 해야 한다. 평소 리더가 내뱉는 말을 글로 옮겼을 때 정확한 문장이 될 수 있을 정도로 또렷해야 한다. 모호한 말, 충동적인 말은 리더의 말을 둘러싼 또 다른 갈등과 오해를 불러일으키기 때문이다. 정치적인 의도를 갖고 일부러 이 같은 행동을 하는 경우도 있겠지만, 이런 일이 반복되면 신뢰 상실이라는 커다란 비용을 지불하게 된다.

셋째, 긍정과 미래의 메시지를 전달해야 한다. 리더는, 우리의 미래는 우리 스스로 만들어갈 수 있다는 메시지를 언제 어디서나 제시할 수 있어야 한다. 이것은 믿음의 문제이자 가치관의 문제와 직결된다. 긍정과 미래의 메시지는 포장을 달리해서 끊임없이 반복적으로 사람들에게 제시되어야 한다. 이런 면에서 볼 때 정치 리더들이 가진 무형의 영향력은 엄청나다고 할 수 있다. 불가능을 가능으로 만들 수 있는 힘은 바로 이런 대목에서 나오는 것이다.

2차 세계대전 당시 윈스턴 처칠의 트레이드마크는 "나는 피와 땀과 눈물 이외에는 바칠 게 없습니다"라는 말이었다. 그 말은 곧바로 영국 국민들의 마음에 격렬한 동조를 불러일으켰다. 우리가 대통령에게 기대하는 것 역시 바로 이런 점이다. 루스벨트는 대공항의 와중에 "우리가 진정으로 두려워해야 하는 것은 두려움 그 자체이다"라는 표현으로, 국민들로 하여금 두려움에 당당히 맞서서 분연히 궐기하여 난국을 극복하고 위대한 나라를 건설하자고 외쳤다.

넷째, 절제된 언어는 정치적 지도자의 큰 힘이다. 일반인도 마찬가지지만 말이 많으면 쓸 만한 말이 드물게 마련이다. 나이를 먹어갈수록 자리가 올라갈수록 지나치게 다변이 되지 않도록 항상 주의해야 한다. 절제되고 정제된 언어는 불필요한 데 에너지를 쏟지 않도록 미연에 방지해주는 역할을 한다.

06

준비된 리더는
지적 역량을 갖추고 있다

어떤 리더든 조직이 추구하는 목적을 달성하려면 두 가지 능력을 갖추어야 한다. 하나는 주어진 과제를 해결할 수 있는 문제 해결 능력이고, 또 다른 하나는 기회를 지속적으로 만들어낼 수 있는 능력이다. 이른바 문제 해결 능력과 기회 창출 능력이다. 따라서 영리를 추구하는 기업의 리더라면 시대와 고객의 변화를 다른 경쟁사보다 앞서 읽고 '앞으로 무엇을 먹고 살아야 할 것인가?'라는 과제에 대한 답을 제시할 수 있어야 한다.

미래란 불확실함으로 가득 차 있으므로 조직의 리더가 내리는 의사 결정에 따라 기업의 명운이 결정된다. 이런 일은 구멍가게에서부터 대기업에 이르기까지 모든 조직에 해당되는 공통사항이다.

따라서 규모가 크든 작든 간에 리더의 자리에 앉은 사람들의 '의사 결정 능력'이야말로 그 조직이 가진 핵심 역량 가운데 하나임에 틀림이 없다.

한 모임에서 오랫동안 재계와 사기업에서 활동해온 분과 대화를 나눌 기회가 있었다.

사회적으로 삼성에 대해서 별로 우호적인 분위기가 아닙니다. 그러나 아마도 세월이 흐르면 한국의 경제 성장사에서 가장 걸출한 인물을 세 명만 들자면 이병철, 정주영, 그리고 이건희가 될 것입니다. 돌아가신 분들에게 대한 공과는 이미 잘 알려져 있는 것이고, 이건희 삼성전자 회장이 여기에 속해야 하는 이유는 아주 명백합니다. 그동안 자신에게 주어졌던 숱한 의사 결정의 순간마다 그가 내린 결정이, 자동차처럼 시행착오를 경험한 것도 있었지만, 오늘날 삼성전자의 성공에 절반 이상의 자리를 차지한다고 봐도 무리가 없다고 생각합니다. 그러나 사람들은 경영자가 가진 무형의 자산이 얼마나 중요한가를 평가하는 데 다들 인색한 것 같습니다. 그 사람의 사후에야 비로소 '정말 대단한 능력이구나'라는 생각을 하게 되는 법이지요.

평소에 사물을 예리하게 지켜보고 정확한 판단을 내리는 그분의 이야기를 들으면서 필자는 한 인간이 가진 지적 역량의 문제에 대해 다시금 고민해보았다.

조직의 리더는 성과로 말한다

문제 해결 능력과 기회 창출 능력 외에 리더가 갖추어야 할 중요한 또한 가지 능력이 있는데, 그것은 자원 배분의 최적화를 도모하는 능력이다. 문제 해결을 위해서 인력과 자금을 어떻게 배분해야 하는가는 경영의 본질적인 문제와 직결된다. 그리고 이것들을 효율적으로 배분하기 위해서는 우선적으로 어디에 집중할 것인가를 결정해야 한다. 이 모든 것이 합해져서 성과가 나타나는 것이다. 열심히 했는데도 결과가 좋지 않은 것은 어쩔 수 없다는 식으로 넘어가서는 안 된다. 리더라면 응당 성과에 대해서 책임을 져야 한다.

이것이 가장 명료하게 드러나는 곳은 기업이다. 기업에서는 숫자가 경영자의 능력을 말해준다. 그 외 나머지 부분은 사족이라고 할 수 있을 만큼 경영 성과가 중요하다.

오래전에 출간된 루돌프 줄리아니 전 뉴욕 지사의 자서전에는 다른 자서전과 명백하게 구분되는 차이점이 한 가지 있다. 그것은 바로 책 후반부를 차지하고 있는 방대한 자료들이다. 자신이 취임하기 이전의 시정과 관련된 각종 통계자료 수치들이 자신이 퇴임할 때 어떻게 변화하였는가를 잘 보여준다. 기업 이외에 분야에서 활동하는 리더라도 숫자로서 간단하고 명료하게 자신을 드러내는 것이 얼마나 중요한지를 잘 보여주는 사례라 하겠다.

필자와 개인적으로 친분이 있는 한 지방자치단체장이 자신의 능력으로 시를 변화시키면서 그동안 변화된 상황을 차근차근 정리한 원고를 보여준 적이 있었다. 그 원고를 읽은 뒤 필자는, 반드시 일정 기간 내에 이루어진 성과를 지표화해서 뒷부분에 보완하라고 조언해 주었다. 그 이유는 명백하다. 숫자로 드러나는 성과는 평가뿐만 아니라 동기부여를 하는 탁월한 방법 가운데 하나이기 때문이다.

성과란 뿌린 대로 거두는 것이다. 물론 지금 뿌린 것이 시차를 두고 나타나기 때문에 그 효과를 정확히 가늠하는 것은 어려운 일이지만, 그럼에도 불구하고 뿌린 대로 거둔다는 원칙을 크게 벗어날 수는 없다.

성과를 거두어들이는 데는 리더의 지적 역량이 매우 중요한 부분을 차지한다. 직급이 낮을수록 자신이 내린 의사 결정이 자신의 일과 가까운 부분에만 영향을 미치지만, 리더가 내린 의사 결정은 자신이 이끌고 있는 조직 전체에 영향을 미친다.

그렇기 때문에 대리나 사원에게 요구되는 지적 역량과 임원이나 경영자에게 요구되는 지적 역량의 우선순위가 다를 수밖에 없다.

따라서 공동체를 이끄는 리더에게 있어 지적 역량의 중요성은 아무리 강조해도 지나치지 않을 것이다. 당대뿐만 아니라 그가 떠나고 난 다음에도 그가 내린 의사 결정은 두고두고 영향을 미치게 된다.

과거 기록은 리더 선택의 기준점이다

과거의 성과가 별 볼일 없는 사람일지라도 새로 맡은 자리에서 훌륭하게 자신의 역할을 해내는 경우도 있다. 그럼에도 불구하고 사실 그럴 가능성은 희박하다.

이따금 기업체 관련 회의에 참석해보면, 실적 부진에 대한 구체적인 대안을 제시하기보다는 '앞으로 최선을 다하겠다. 지켜봐 달라. 다음번에는 실적이 이 정도로 좋아질 것이다'라는 말로 일관하는 경영자를 보게 된다. 이런 말들은 '열심히 잘하겠습니다'는 다짐 정도의 효과는 있지만, 실질적인 성과가 나타난다고 보기는 어렵다. '같은 기술로, 같은 시장에서, 같은 고객을 상대로, 비슷한 상품으로, 같은 경영자가 관여한다면'이라는 질문을 던져보면 금방 답이 나오게 된다. 결정적인 변화가 없다면 실질적으로 호전된 성과를 내기란 쉽지 않다.

'앞으로 잘하겠다'는 말은 누구든지 다짐이나 각오 정도로 쉽게 내뱉을 수 있다. 그러나 이제까지 만들어온 기록은 결코 말로 대신할 수 없다.

따라서 조직을 이끌 리더를 선택할 경우에는, 그에 대한 막연한 기대가 아니라, 그가 어떤 교육을 받았고, 그동안 어떤 과정을 경험해왔는지, 특히 조직을 이끌어본 경험이 있다면 그 조직의 리더로서 어떤 성과를 냈는지 엄격하게 따져보아야 한다. 어떤 사람에 대해서 믿고 싶은 대로 보고 싶은 대로 볼 것이 아니라, 과거의 기록을 직시할 필요가 있기 때문이다.

과거의 기록이란 흘러가버리는 것이 아니라 한 개인이 최선을 다해 자신의 기량을 발휘한 최종 성과물이다. 때문에 과거의 기록은 우리가 리더를 선택함에 있어서 믿을 만한 기준점이 될 수 있다.

리더의 자리는 그 자리를 맡은 다음에 공부를 하면서 수행할 만큼 한가한 자리가 결코 아니다. 모든 조직의 승패는 시간과의 경쟁에서

판가름 난다. 쉼 없이 변화하는 환경을 주도할 수 있느냐 아니면 거기에 압도되느냐는 문제를 안고 있기 때문에, 배워가면서 수행하기는 거의 불가능하다.

따라서 조직의 리더를 꿈꾸는 사람이라면 리더의 자리에 오르기 이전에 치열하게 자신을 가다듬어야 한다. 그 자리에 어떤 지적 역량이 요구되는가라는 질문에 대한 답을 항상 갖고 생활해야 한다.

07

조직에 늘
긴장감을 불어넣어라

사람들과 마찬가지로 조직 역시 틈만 나면 자연스러운 상태로 되돌아가려는 속성을 갖고 있다. 여기서 자연스러움이란 약간은 게으르고 느슨하며 현실에 안주하려는 속성을 말한다. 그렇기 때문에 리더들은 항상 어떻게 하면 조직 내부에 적절한 긴장감을 불어넣을 수 있는가를 고민해야 한다.

상황 변화에 대한 적절한 긴박감이나 절박감이 없다면 제대로 된 혁신이나 변화는 불가능하다. 아무리 오랜 시간 동안 일하더라도, 정신적으로 다소 고양된 상태에서 집중력을 발휘하지 않으면 제대로 된 성과물을 만들어낼 수 없다.

특히 필자는 원고를 쓸 때 그런 생각을 많이 한다. 집중적으로 우선순위를 정해 밀어붙일 수 있는 능력이 몸에 배어 있다면 얼마든지 지속적으로 원고를 써낼 수 있다. 결국 적절한 긴장 상태를 얼마나 유지할 수 있느냐에 달려 있는 것이다. 아무리 많은 시간이 주어진 다고 해도 긴장 관리에 성공하지 못하면 제대로 된 결과물을 만들어 낼 수 없다.

공부든 일이든 두뇌를 사용하는 대부분의 일은 이 같은 특징을 지니고 있으므로, 높은 목표를 향해 나아가고자 하는 개인이나 조직은 창조, 혁신, 변화를 수행할 수 있는 마음 상태를 만들어야 한다.

개인의 경우에는 세상의 변화를 수용하고 이를 통해서 변화와 혁신을 추진할 수 있는 주체로 스스로를 바꾸어나가기가 수월한 편이다. 그러나 조직은 여러 사람들이 모여서 이루어진 것이므로, 리더는 조직 구성원들 개개인의 마음속에 변화와 혁신을 위한 마음 상태를 만들어내기 위해 많은 고심을 해야 한다.

3개월 안에 변화와 혁신의 분위기를 조성하라

조직 구성원들의 마음에 변화와 혁신을 위한 마음 상태를 만들어내는 일은 리더십의 본질적인 부분 가운데 하나이기도 하다.

한번은 현직 경영자와 함께, '어떻게 하면 변화와 혁신에 성공할 수 있을까?'라는 물음을 두고 대화를 나눈 적이 있었다. 특히 새로 부임하는 리더가 조직을 변화와 혁신의 단계까지 도약시키는 데 얼마만큼의 시간이 필요하며, 어떻게 해야 하는가에 대한 이야기 가운데, 이런 대목이 있었다.

신임 대표이사가 특정 조직에 부임했을 때, 자신의 페이스로 조직을 바꿀 수 있느냐를 판별하는 데는 그렇게 오랜 시간이 걸리지 않는다고 생각합니다. 약 100일 그러니까 3개월 정도면 충분하다고 생각합니다. 3개월 안에 조직을 장악하고 조직 내부의 구성원들에게 '과거처럼 그냥 보내면 큰일이 나겠구나', '크게 변화해야 하겠구나'라는 마음 상태를 만들어낼 수 없다면, 조직을 바꾸는 데 대개 실패하게 됩니다. 다시 말하면 신임 대표이사에게 주어지는 선택은 두 가지라고 생각합니다. 하나는 스스로가 원하는 방향으로 조직을 이끌어가는 것이고, 다른 하나는 이제까지 해왔던 것처럼 조직이 나아가는 방향에 흡수되어버리는 것입니다. 3개월 안에 스스로 방향타를 설정하지 못하면 함몰되어버리고 맙니다. 저는 딱 100일이라고 생각합니다. 느슨하게 해야 할 만큼 충분한 시간이 없다고 생각합니다.

이런 대화를 나누면서 국가와 같은 공동체라면 어떨까를 생각해보았다. 만일 동일한 목적을 추구하지 않는다면 다양한 이해관계를 가진 사람들이 모인 대규모 조직은 일사불란하게 움직일 수 없다. 신임 대통령이 국정을 맡은 지 3개월 안에 국정 전반에 대한 이해를 하지 못하고, 변화와 혁신의 분위기를 조성하는 데 실패하면 그 역시 대세에 눌려 자신이 원하는 성과를 낼 수 없는 상황에 도달하게 될 것이다.

이런 점에서 볼 때 3개월은 실질적인 의미가 있는 숫자라고 할 수 있다. 물론 3개월 안에 분위기를 조성한다고 해서 조직의 변화가 완결되는 것은 결코 아니다. 조직은 그 속성상 원위치, 즉 현상을 유지하는 상태로 되돌아가는 데 그다지 많은 시간이 걸리지 않는다. 이를 테면 새로운 대표이사가 상당 기간 동안 변화와 혁신을 주도했다 하더라도 그가 떠나고 난 뒤 다른 사람이 부임하면 얼마 지나지 않아 원위치로 되돌아가는 경우를 심심찮게 관찰할 수 있다. 이는 변화와 혁신의 시스템화에 실패한 많은 조직들이 경험하는 결론이다.

리더 스스로 긴장감을 가져야 한다

리더들이 지속적인 긴장 관리에 성공하려면, 리더 스스로 자신의 삶에 긴장감을 불어넣어야 한다. 이는 자신을 경영하는, 이른바 자기 경영의 중요한 한 부분이라 할 수 있다. 자신의 삶 속에서 계속적으로 변화를 추구하고, 환경 변화로부터 자신에 대한 지적 자극을 제공할 수 있다면 리더로서 성공할 가능성이 높다고 할 수 있다.

그럼, 조직 구성원들을 그런 상태로 이끌어가려면 무엇이 필요할까?

그것은 바로 강력한 지적 진동을 제공하는 것이다. 다시 말해서 리더는 조직 구성원들이 조직의 현주소에 대해 명확하게 이해할 수 있도록 노력해야 한다. 조직의 현주소와 조직을 둘러싼 변화의 실상에 대한 정보가 지속적으로 조직 내부에 흘러 들어갈 수 있다면 분명 효과를 거둘 수 있을 것이다. 여기서 중요한 점은 리더는 조직 내부에 그런 정보를 조직적으로 관리할 수 있는 권한을 갖고 있다는 점이다.

또 다른 방법은 성과를 측정하고 평가하는 성과 관리다. 대우의 차별화도 조직 내부에 적절한 긴장감을 불러일으키는 데 도움이 된다.

창조적 긴장 관리를 성공시켜야 한다는 점에서 볼 때 리더는 선동가적인 특성을 지녀야 한다. 스스로를 매일 매일 선동할 수 있는 사람은 타인을 선동시킬 가능성도 그만큼 높다. 물론 여기서 '선동시킨다'는 단어는 창조적인 의미로 해석되어야 한다.

그리고 스스로 목표 달성을 위해 분투노력하는 리더라면 항상 목표 달성에 필요한 정보를 구해야 한다. 새로운 정보는 지적 진동을 제공하는 원료에 해당한다. 창조적 긴장 관리를 잘해야겠다고 마음먹는 것도 중요하지만, '내가 이끌고 있는 조직이 앞으로 어떻게 살아남을 수 있을 것인가, 이를 위해 어떤 준비가 필요한 것인가' 등과 같은 질문을 갖고 그 해답을 찾으려고 진지하게 노력해야 한다. 그런 리더라면 '이런 사실은 나만 알아서는 안 되고 조직 구성원들에게 전달하지 않으면 안 되겠다'는 확신을 갖게 될 것이다. 신체든 정신이든 조직이든 특별한 조치를 계속해서 취하지 않으면 굳어진다는 자연의 섭리를 항상 기억해야 한다.

공동체 내부에 야성을 불어넣어라

공동체의 진로에 있어 긴장 관리가 필요한 이유는 긴장 관리를 통해 공동체 내부에 야성을 불어넣을 수 있기 때문이다. 야성이란 각각의 분야에서 기업가 정신이 활성화되는 것을 말한다. 예를 들어 빈곤층을 구제하고자 한다면, 공동체 전체 차원에서 고민하고 해결책을 찾는 것이 바람직하다. 양극화 해소라는 명분으로 인위적인 잣대를 이용해 가진 자와 그렇지 않은 자를 나누면, 결국 복지라는 이름으로 중산층이나 그 하층까지 혜택을 나누어 갖는 정책만 양산할 뿐이다.

이런 정책들은 인간으로부터 야성을 빼앗아가므로 실패할 수밖에 없다. 겉으로 드러나는 불편함을 해소해주려는 노력들은 결코 인간의 진정한 행복감을 증대시킬 수 없다. 왜냐하면 인간이란 빵뿐만 아니라 야성을 갖고 살아갈 때 행복감을 느끼기 때문이다.

부잣집 아이라고 해서 모두가 창창한 미래를 보장받지 못하는 것과 마찬가지다. 부모가 모든 것을 마련해주는 것은 본인 스스로 성취해야 하는 야성을 부모가 빼앗아버리기 때문이다. 적절하게 어려운 과제를 향해서 분투노력할 때 인간의 행복감은 더욱 커진다.

08
한계를 돌파하는
리더가 필요하다

살아가는 것은 문제를 해결해나가는 일련의 과정이라 할 수 있다. 항상 우리 앞에는 다양한 문제들이 주어진다. 문제 해결을 위해 적극적으로 계획을 세우고, 계획을 달성하기 위한 방법을 체계적으로 짠 다음 자신이 갖고 있는 자원을 제대로 활용해서 문제를 해결해나가야 성장과 발전이 보장된다.

리더는 '문제(이슈) 제기형 인간'과 '문제 해결형 인간' 두 가지로 나누어진다. 문제 제기에만 익숙한 리더는 불평불만은 많지만, 문제를 해결하는 데는 익숙하지 않으므로 실제로 문제를 해결하여 성과를 보여주는 경우는 드물다.

문제를 제기하는 것은 쉽다. 책임져야 할 일도 없을 뿐더러 문제 해결책을 제시해야 할 필요도 별로 없기 때문이다. 이런 사람은 학자의 직분이면 족하다. 학자는 다양한 의견을 제시하지만 본인이 책임을 지고 문제 해결책을 제시하고 이를 적극적으로 추진해야 할 필요가 없기 때문이다.

그러나 조직을 맡은 리더는 그래서는 안 된다. 조직의 리더가 문제 해결을 세월의 흐름에 맡겨둔 채 적극적으로 서둘지 않으면 상황은 더욱 악화된다. 인간의 삶은 시간과의 경쟁이라 할 수 있다. 따라서 적절한 시기를 놓쳐버리면 백약이 무효인 경우가 많다.

반면에, 문제 해결형 인간은 말 그대로 문제를 해결하기 위해 목표를 세우고, 이를 달성하기 위한 전략적 사고를 가지고 문제 해결책을 찾아서 직접 실천에 옮기는 사람이다. 여기서 실천은 단발적인 노력이 아니라 지속적인 노력을 말한다. 지속적인 노력이 병행되지 않으면 어렵고 고질적인 문제일수록 해결 가능성이 낮아진다.

무난한 리더가 되어서는 안 된다

오늘날 우리에게 필요한 리더는 이슈를 제기하는 데 익숙한 리더나, 마냥 세월의 흐름 속에 모든 것을 맡겨놓은 리더가 아니다. 자신이 이끄는 조직이 갖고 있는 문제점들의 우선순위를 정한 다음, 중요도에 따라 집중적이고 체계적인 노력으로 문제를 해결해가는 그런 인물이다.

문제 해결 능력이란 면에서 기업을 이끄는 리더는 그래도 나은 편이다. 성과가 확연히 드러나기 때문에 스스로 성과에 따른 퇴출 압력을 받게 된다. 따라서 시장이 경쟁적일수록 문제 해결 능력을 가진 적임자가 리더의 직책을 맡을 가능성이 높다.

그러나 선거로 선출되는 리더의 경우에는 문제 해결 능력을 제대로 판별하기가 쉽지 않다. 그래서 공동체의 리더는 얼마든지 복지부동으로 세월을 보낼 수 있다. 이해관계가 난마처럼 얽히고 엮인 과제들의 경우에는 굳이 본인이 긁어서 부스럼을 만들어낼 필요가 없다고 생각할 수도 있다. 따라서 전례, 선례, 관례에 따라 무난하게 문제를 처리하는 것을 미덕이라 여길 수도 있다.

이따금 공적 분야에서 '저 사람은 무난하다'라는 말을 들을 때마다 무난함이란 과연 어떤 의미를 갖고 있는가를 생각할 때가 있다. 이때의 무난함이란 첨예한 과제들은 웬만하면 손을 대지 않고 후임자에게 넘겨버리는 것이 아닐까. 물론 그렇게 하면 오랫동안 자리를 보전할 수 있고 괜찮은 사람이라는 평도 들을 수 있다.

그러나 어느 시대이건, 욕을 먹더라도 현안을 적극적으로 해결하려는 의지를 갖고 이를 실제로 추진해가는 리더가 있을 때 공동체는 발전하게 된다. 권좌에서 물러난 이후에도 사람들이 길이길이 기억하는 리더는, 결코 '무난한' 사람이 아니다. 시대가 자신에게 부여한 과제들을 정확하게 인식하고, 첨예하게 이익이 부딪치는 이해 당사자들을 설득하고, 때로는 강하게 밀어붙이면서 문제를 해결해나가는 그런 리더다.

신속하게 상황을 주도하라

필자는 대부분의 한국인들이, 더 나은 사회를 만들어내기 위해 해결해야 할 과제가 무엇인지 알고 있다고 생각한다. 그러나 세월이 지나도 해결되지 않는 문제들이 여전히 우선순위에 남아 있는 것을 보면서, 우리가 필요로 하는 것은 문제를 해결할 수 있는 능력과 의지를 가진 리더라는 사실을 재삼 확인하게 된다.

혹자는 재임 기간이 짧기 때문에 문제 해결에 어려움이 있다고 이야기한다. 물론 대통령을 비롯한 공직의 경우 재임 기간이 단임이라는 한계가 없는 것은 아니다. 장기(長期)를 내다보고 문제를 해결할 만큼 긴 시간이 없다는 점에서 이해하지 못하는 바는 아니지만, 리더가 바라보는 시간은 세상 사람들이 바라보는 시간과 달라야 한다. 특히 오늘날처럼 하루가 다르게 바뀌어가는 시대 상황을 고려하면, 리더는 시간에 대해 강박관념을 가졌다고 표현할 수 있을 만큼 속도를 중시하는 사람이어야 한다.

속도를 중시한다는 것은 시간을 재해석함으로써 스스로 시간을 창조할 수 있음을 뜻한다. 능력에 따라 얼마든지 1년을 10년처럼 만들어낼 수 있다.

리더는 시간 없음, 자원 없음, 화합 없음에 원인을 돌려서는 안 된다. 현재의 모든 한계 상황을 받아들인 다음, 난마처럼 얽힌 문제들을 마치 매듭을 끊어버리듯이 과감하고 신속하게 원칙과 원리에 따라 상황을 주도해나가야 한다.

만일 마거릿 대처 전 영국 총리가 전임자들이 해왔듯이 마냥 문제를 바라보기만 하고 과거처럼 문제를 해석했다면, 오늘날 사람들의 머릿속에 남아 있지 않을 것이다. 그리고 로널드 레이건이, 대부분의 미국인들이 우울함과 현상 유지에 사로잡혀 있을 때, 상황을 주어진 것으로 체념하고 재임하고 있는 동안 복지부동으로 일관하였다면 오늘날 누가 그를 기억하겠는가.

대중들을 움직일 수 있는 방법은 실제로 변화되어가는 사례를 보여주는 것이다. 우리가 얼마나 상황을 개선할 수 있는가를 실제로 보여주는 것만큼 좋은 설득은 없다. 우리에게 필요한 리더는 문제를 실제로 해결해가는 모습을 보여주는 리더다. 말은 기분을 좋게 만들어 줄 수는 있지만, 상황을 반전시키지는 못한다. 우리가 원하는 것은 실제로 난제들을 해결할 수 있는 실천가형 리더다.

2장_ 책임감 있는 리더십은 품성에서 나온다

01
헌신을 요구하려면
먼저 신뢰를 쌓아라

어떤 리더를 종합적으로 평가하고 싶다면, 다음 질문을 던져보라. '그를 신뢰하고 있는가?' 대다수 사람들로부터 '그를 진정으로 신뢰한다'라는 말이 나오면, 그는 제대로 일을 수행하고 있으며 리더십을 발휘하는 데 별다른 문제가 없다고 볼 수 있다. 그러나 '그에게 좀처럼 믿음이 가지 않는다'는 답이 나오면 아무리 리더 자신이 특별한 노력을 기울이더라도 리더십을 발휘하는 데 한계가 있다고 볼 수 있다.

리더십이란 사람들의 마음속에서 공감을 이끌어내어 같은 방향으로 나아가도록 만드는 능력이다. 따라서 믿을 만한 인물이라고 상대방에게 받아들여지지 않는다면, 자신이 원하는 방향으로 사람들을 이끌어갈 수 없다.

결국 리더는 사람들의 마음속에 공감, 동감, 믿음 등과 같은 화학적 반응을 일으킬 수 있어야 한다. 그러나 상대방의 마음속에 직접 들어갈 수는 없는 일이기에, 사람들을 이끄는 문제는 과학의 영역이라기보다는 오히려 예술의 영역에 가깝다고 할 수 있다.

신뢰는 사소한 약속에서 시작된다

신뢰라는 단어를 생각할 때면, 항상 B씨가 머릿속에 떠오른다. 이력서에 기록된 그의 학력은 무척 화려한 편이다. 게다가 사람들과의 관계를 맺어가는 능력이 뛰어난 까닭에 일찍이 그는 여러 조직의 기관장을 거쳤다. 또한 운동이든 잡기든 뭔가 새로운 것을 배우고 익히는데 뛰어나고, 호방한 성격 탓에 이따금 그를 만나는 사람들이나 멀리서 그를 바라보는 사람들은 그를 무척 인기 있는 사람이라 여겼다. 그래서 그의 주변에는 항상 사람들이 몰려들었다.

그러나 가까이에서 그를 상사로 모시고 일하는 사람들 가운데에는 그에게 불신을 가진 이들이 많았다. 부하 직원들과의 약속을 제대로 지키지 않았기 때문에 부하 직원들은 그를 신뢰하지 않았다.

리더로서 B씨를 평가하자면 그는 거의 바닥 수준이었다. 그 이유를 한 문장으로 요약하자면 '전혀 믿음이 가지 않는다'이다. 그는 지나치게 자신의 머리를 믿고 요령을 피웠을 뿐만 아니라 부하들을 이끌기보다는 이용하는 데 익숙했다. 돌이켜 생각해보면 그는 항상 '부하 직원이나 타인을 이용한다'는 생각을 갖고 있었던 것 같다. 그는 결국 모종의 불미스러운 사건으로 인해 중도에 자리를 물러나게 되었다.

상대적으로 젊은 날부터 승승장구하였음에도 불구하고, 그가 가진 능력에 비추어볼 때 조직의 리더로서 실력을 발휘하지 못하고 몰락한 이유가 무엇일까? 그것은 바로 조직 구성원들에게 신뢰감을 심어주는 데 실패했기 때문이다.

여기서 신뢰는 이중적인 면을 지니고 있다. 타인에게 신뢰를 주지 못하는 사람은, 자기 자신을 속이는 일도 대수롭지 않게 여기는 경향이 있다. B씨가 몰락하게 된 결정적인 계기는 자기 자신을 속이는 사건에서 비롯되었다. 결국 신의가 부족한 그의 품성과 이 같은 요소를 대수롭지 않게 여긴 탓에 그런 결과를 자초하게 된 것이다.

또 한 명의 인물로 P씨가 떠오른다. 그는 비교적 조그만 중소기업을 일으켜서 돈을 모으는 데 성공한 사람이다. 그럼에도 불구하고 그는 리더로서 조직을 이끄는 내내 행복하지 못하였다. 항상 부하 직원들을 공작 대상으로 바라보았고 불신했기 때문에 끊임없는 긴장과 스트레스에 시달렸다. 다행히 상장 시점이 좋았고 증권 시장의 호황에 힘입어 일정한 돈을 챙긴 다음, 시장을 나가는 행운을 움켜쥐기는 했지만, 리더의 자질을 갖추었다고 보기는 힘들다.

인간 그 자체를 불신하고 인간을 공작의 대상이나 이용의 대상으로 보면 신뢰를 쌓기는 힘들다. 그렇다면 신뢰를 주는 사람은 과연 타고나는 것일까? 아니면 후천적으로 만들어지는 것일까? 필자는 선천적인 면을 무시할 수 없다고 생각하므로 신뢰를 한 인간의 품성으로 간주한다.

한정된 규모의 조직을 이끄는 리더의 경우는 여러 채널을 통해서 그의 신뢰성 여부를 파악할 수 있다. 하지만 공동체처럼 규모가 큰 경우에는 리더의 신뢰성을 평가하기가 여간 어려운 일이 아니다. 선거를 통해서 리더를 뽑는 경우에는 더더욱 그가 믿음을 줄 수 있는 인물인지 아닌지를 파악하기 힘들다. 텔레비전에 비추어진 모습은 그가 가진 모습의 일부분에 불과하며, 어쩌면 상당 부분 약점을 가리고 만들어낸 모습일 수도 있다.

이따금 텔레비전에서, 자신만이 나라를 제대로 이끌어갈 수 있는 지도자라고 역설하는 사람들을 볼 때가 있다. 많은 경우 화려한 언변에다 기획된 행동이나 제스처 등으로 자신의 이미지를 만들어낸다. 그리고 대다수의 유권자들은 그런 이미지에 현혹되어 표를 던지기도 한다. 그렇게 해서 집권에 성공하기도 한다. 하지만 신뢰란 말로써 만들어지는 게 아니라는 점이 집권 중에 명확히 드러난다.

시간이 지나면서 사람들과의 접촉이 증가하면 리더가 가진 품성은 여과 없이 드러나게 마련이다. 진실이 묻어나지 않는 말이나 거친 말과 행동을 통해 다들 그 사람의 진면목을 알아차리게 된다.

결정적인 실수가 신뢰를 무너뜨린다

리더들 중에는 자리가 자동적으로 자신에게 리더십을 보장해주는 것이라고 착각을 하는 이가 있다. 그러나 자리라는 것은 자리에 걸맞은 힘을 사용할 수 있는 권한을 제공할 뿐, 사람들의 마음을 움직일 수 있는 힘을 제공하지는 못한다. 이 부분이 리더십이 가진 난제라 할 수 있다. 신뢰를 통해서 마음을 얻지 못하면 자신이 원하는 결과를 얻는 데 실패하기 쉽다.

일단 리더로서 새롭게 임무를 맡게 되면 단시간 내에 신뢰를 쌓을 수 없다는 점을 기꺼이 인정해야 한다. 신뢰란 오랜 세월에 거쳐서 꾸준히 축적해가는 것이라는 점에 동의하면, 어떻게 신뢰를 축적해 나갈 수 있을 것인가라는 문제에 대한 해답을 찾는 일은 그다지 어렵지 않다. 신뢰는 한 인간의 인격이나 품격처럼 평생을 통해서 개발해 나가야 하는 것이고, 사소한 말실수나 행동의 실수로도 커다란 금이 가버릴 수 있을 만큼 깨지기 쉬운 것이다.

만일 리더가 사람들로부터 불신을 당하고 있다면 그들에게서 원인을 찾아서는 안 된다. 자기 자신을 되돌아보아야 한다. 그리고 문제를 적당히 은근슬쩍 넘어가려 해서는 안 된다. 그런 생각에서부터 불행이 시작되는 것이다.

사람들은 리더가 말로 한 약속을 번번이 지키지 않는 것을 보면서 신뢰감을 상실하게 된다. 그 결과 믿을 수 없는 인물이란 선입견이 만들어지고, 그다음부터 사람들은 정보를 선택적으로 받아들이게 된다. 다시 말해서 리더가 아무리 잘하더라도 그리고 잘하기 위해 노력하더라도 자신이 갖고 있는 선입견, 즉 '저 사람은 믿을 수 없어'라는 것을 강화하는 쪽의 정보를 의도적으로 모으게 되고 자신의 믿음을 더욱 강화시킨다.

그렇기 때문에 한번 추락해버린 신뢰는 평판과 마찬가지로 극복하기가 여간 어렵지 않다. 따라서 리더의 자리에 선 사람은 몇 번의 결정적인 실수만으로도 오랫동안 만들어온 신뢰라는 자산을 몽땅 날

려버릴 수 있음을 기억해야 한다.

신뢰감이 빛을 발휘하는 경우는 리더가 어려움을 당하게 될 때이다. 평소에 신뢰라는 자산을 꾸준히 축적해온 리더라면 어려움을 만나게 되었을 때 사람들에게 헌신과 희생을 요구할 수 있다. 그러나 그런 자산이 없는 경우에 사람들에게 동참을 요구하면 '당신이나 잘하세요'라는 냉소적인 반응이 돌아올 것이다. 이처럼 어떤 조직이나 공동체가 위기를 맞이했을 때 리더에 대한 신뢰 여부는 위기 극복의 성공과 실패를 결정하는 중요한 요인이 된다.

리더가 신뢰를 축적하는 방법은 여러 가지가 있을 것이다. 이 가운데 무엇보다 중요한 것은 '자기 자신에게 정직함을 유지한다'는 원칙이다. 그러나 이 같은 원칙은 쉽게 현실에서 적용될 수 있는 것은 아니다. 타협해야 할 것도 많고 스스로 자기 자신을 합리화해야 할 것도 많기 때문이다.

만일 여러분들이 선거를 통해서 리더를 선택할 수 있는 위치에 있다면, 단순하게 '저 사람에게 왠지 믿음이 가는가?'라는 질문을 던져 보아야 한다.

톰 피터스는 리더십에 대한 50가지 조건을 이야기하면서 '리더는 신뢰를 심어준다'는 제목의 글에서 이렇게 말한다.

내 동료이자 톰피터스컴퍼니의 명예회장인 짐 쿠제스는 배리 포스너와 함께 《신뢰성(Credibility)》이란 책을 집필했다. 이 책은 20년 동안 수집한 자료를 바탕으로, 리더가 국민이나 6인 프로젝트 팀의 전폭적인 헌신을 이끌어내려면 무엇보다도 믿을 만해야 한다고 주장한다. 믿음, 신뢰성. 뭐라고 부르든지 이는 리더십 자질 중에서도 가장 '소프트한' 측면이다. 하버드 경영대학원에서 이러한 자질을 전혀 가르치지 않는 것도 그 때문이다. 그러나 장기적으로 신뢰성은 가장 '강력한' 자질이다.

– 톰 피터스, 《리더십》, pp. 41~42

02

리더에게는
'특별한 그 무엇'이 있어야 한다

리더마다 자신만의 스타일이란 것이 있다. 어떤 리더들은 일반인들이 보기에 지나치다고 할 정도로 격의 없는 말과 행동으로 주변 사람들을 대하기도 한다. 그런 언행은 일종의 파격이기 때문에 일시적인 인기를 가져다주기도 한다. 이때 자신의 언행을 정당화하는 방법으로 '친구 같은 리더'라는 표현을 주로 사용한다.

그러나 과연 친구 같은 리더가 가능할까? 그리고 친구 같은 리더라는 이미지가 사람들을 이끄는 데 도움을 줄까? 다시 말하면 과연 그것이 효과적인 리더십인가라는 점이다. 이 같은 질문에 대한 답은 정리해둘 만한 가치가 있을 것이다. 왜냐하면 리더의 위치에 서게 되면 다들 부하들과 어느 정도의 거리를 유지해야 하는지 고민하는 경우가 많기 때문이다.

우리의 심성 깊숙이 위계질서가 자리 잡고 있다

사람들은 리더에게 무엇을 기대하는 것일까? 아무리 평등한 사회를 외친다고 하더라도 사람들의 심성에는 위계질서라는 것이 강하게 자리 잡고 있다. 그것은 인류가 오랜 세월 동안 생존의 긴 여정을 걸어오면서 위계질서가 생존의 가능성을 높이는 데 도움이 되었기 때문일 것이다. 위계질서는 부락이나 촌락의 질서를 유지하고 외부의 도전을 일사불란하게 극복하는 데 도움을 주었다. 생존에 적합한 방향으로 인간의 진화가 진행되어온 점을 고려하면 위계질서는 우리들의 유전자 속에 깊이 각인되어 있다고 볼 수 있다.

안정된 위계질서가 존재하지 않는다면 우리가 몸담고 있는 조직은 그것의 규모에 관계없이 혼란과 혼돈이 지배하게 될 것이다. 오랫동안 침팬지나 보노보 등과 같은 영장류의 권력 관계를 연구해온 프란스 드 발은 이따금 사람들은 서열도 없고 권력도 존재하지 않는 그런 상황이 전개되기를 바라지만 애당초 그것은 모든 영장류에게는 불가능한 일임을 다음과 같이 지적하고 있다.

우리는 권력을 악이라고 생각했고, 야심을 우스꽝스럽게 여겼다. 그러나 아른헴(편집자 주: 네덜란드의 한 동물원)의 유인원을 관찰하면서 나는 권력 관계에 열린 마음을 갖게 되었다. 권력 관계는 나쁘기만 한 것이 아니라 우리의 본성에 뿌리박혀 있다는 사실을 깨달았다. 불평등을 단순히 자본주의의 산물로 치부해서는 안 된다. 불평등의 기원은 훨씬 더 깊은 곳에 있는 것처럼 보인다. 오늘날에는 진부한 개념으로 보일지 모르지만, 1970년대에는 인간의 행동을 선천적인 것도 문화적인 것도 아니고 완전히 유동적인 것이라고 보았다. 만약 우리가 정말로 원한다면, 우리 자신에게서 성적 질투심, 남녀의 역할, 물질의 소유제도, 지배 욕구와 같은 낡은 성향을 제거할 수 있다고 믿었다.

– 프란스 드 발, 《내 안의 유인원》, pp. 91~92.

이처럼 위계질서가 심성 깊숙이 자리잡고 있기 때문에, 우리들은 생활 속에서 알게 모르게 지위와 관련된 정보를 의도적으로 혹은 무의식중에 교환한다. 사무실 크기, 의전 상의 서열, 자동차 모델, 의복의 색깔이나 브랜드 등은 상대방에게 서열과 관련된 시그널로 제시될 때가 많다. 위계질서를 중심으로 보면 리더와 그를 따르는 사람들 사이에는 위계질서를 중심으로 권력 관계가 형성된다.

주위 사람들과 적당한 거리를 유지하라

리더는 당연히 권력 관계에서 가장 높은 위치를 차지하게 되는데, 권력은 두 가지 원천으로부터 나온다. 하나는 자리 그 자체가 가져다주는 힘이고, 다른 하나는 그 자리에 앉은 사람에게 그를 따르는 사람들이 자발적으로 제공하는 힘이다. 예를 들어 대통령이란 자리가 막강한 힘을 소유하고 있지만 일반 국민들이 자리 이상의 힘을 제공할 것인가 아닌가는, 그를 추종하는 사람들이 어느 정도의 힘을 자발적으로 제공할 의사가 있느냐에 달려 있다. 부모가 가진 힘의 크기 역시 제각각이다. 그것은 자식들이 부모에게 자발적으로 제공하는 힘의 크기가 다르기 때문이다.

리더를 따르는 사람들이 만일 친구 같은 리더에게 더 많은 힘을 제공한다면, 리더들은 적극적으로 친구 같은 리더가 되기 위해 노력해야 할 것이다. 하지만 리더를 따르는 사람들이 리더에게 요구하는 것은 일종의 거래 관계라는 사실을 간과해서는 안 된다.

사람들은 만약 리더가 자신과 비슷한 사람이라는 판단이 들면, 그를 리더로 인정하지 않으려는 경향이 있다. 예를 들어 많은 사람들이 연예인이나 유명인에게 열광하는데, 만일 이들이 주변에서 볼 수 있는 평범한 사람들이라면 그런 반응을 보이지 않을 것이다.

사람들은 유명인이거나 지위가 높거나 권력을 가진 사람들에게 자신과 다른 '특별한 그 무엇'을 원한다. 그것은 외모일 수도 있고, 품위일 수도 있고, 카리스마일 수도 있고, 절제된 행동일 수도 있다. 그것이 무엇이든지 간에 자신이나 자신들이 속한 그룹과는 뚜렷하게 구별되는 특성을 리더에게 요구하는 것이다. 그것은 이성적인 판단이라기보다는 본능이라 할 수 있다.

이를 정확하게 이해했던 인물 가운데 한 사람으로 존 F. 케네디를 들 수 있다. 그는 자신이 가진 영향력을 극대화하기 위해서 보통 사람들의 범주에 휩쓸려 들어가는 것을 극도로 경계했던 정치인 가운데 한 명이다. 그는 자신의 언행을 통해, 자신이 함께 일하는 사람들과 적절한 거리를 둠으로써 그들의 충성심을 끌어냈다.

케네디는, 가장 잘 알고 있는 사람과도 언제 어떻게 거리를 두어야 하는지 알고 있다. 케네디는 자신의 생활을 정확히 구분하였다. 예를 들어 그는 자신의 직원들과 좀처럼 사교적인 만남을 갖지 않았다. 그는 이러한 원칙을 우스꽝스러울 만큼 철저히 지켰다. 예를 들어 그는 취임하고 난 후로는 자신의 동생인 법무장관 로버트 케네디를 분기별 백악관 가족 모임 식사에 한 번도 초대하지 않았다. 이렇게 자신의 행동을 절제함으로써 그는 주변 사람들이 사적인 시간을 더욱 가치 있게 사용할 수 있게 만들었다.

– 존 바네스, 《케네디 리더십》, p. 98.

저자의 마지막 코멘트는 그다지 적절한 것 같지 않다. 아마도 케네디가 주변 사람들과 적절한 거리를 유지하기 위해 노력하였던 가장 중요한 이유는, 그것이 권력을 유지하는 데 있어 매우 중요한 선택임을 잘 알고 있었기 때문일 것이다.

호락호락하게 보이거나 녹록하게 보이면 주변 사람들에게 영향력을 발휘하기가 어렵다. 물론 처음부터 호락호락하게 보이고 싶어 하는 리더는 없을 것이다. 하다 보니까 그런 상황이 전개되는 것이다. 따라서 리더는 항상 주변 사람들과 적절한 거리를 유지하고, 언행에 각별히 유념해야 한다. '캐주얼'은 보통 사람들에게는 바람직한 것일지 모르지만 리더의 언행은 '캐주얼'로 일관해서는 안 된다. 단기적으로는 파격 때문에 인기를 끌 수 있을지 모르지만 중·장기적으로는 조롱이나 경멸의 대상이 될 수 있다.

케네디의 리더십에 대해 존 바네스는 이런 평가를 내리고 있다.

케네디는 자신의 팀으로부터 커다란 애정과 충성을 받았는데, 이는 시간이 지남에 따라 사라지기는커녕 오히려 더 강해지는 것 같았다. 케네디 행정부나 측근 멤버들 중에서 내부 사정을 폭로하거나 심지어 조금이라고 적대적으로 당시의 일들을 회고한 사람은 없다. 이같은 헌신적인 자세는 케네디가 주변 사람들을 항상 따뜻하고 세심하게 챙긴 인물이 아니었음을 감안할 때 더욱 특별하다.

– 존 바네스, 《케네디 리더십》, p. 192.

케네디는 자신이 사람들로부터 어떻게 사랑을 받을 수 있는지, 그리고 어떻게 영향력을 행사할 수 있는지 정확하게 알고 있었던 리더다. '당신이나 나나 다를 것이 무엇이 있는가?'라는 말이 나올 정도면 그 리더는 심각한 위기에 빠질 수 있다.

리더는 사람들에게 모든 것을 속속들이 다 보여줄 필요는 없다. 약간은 가려져 있는 상태, 조금 더 알고 싶더라도 베일이 가려진 상태를 유지할 필요가 있다. 최선의 방법은 신중하게 행동하고 말하는 것이다. 주위 사람들과의 그런 균형을 유지하는 일은 쉽지 않다. 그러나 그런 균형이 깨지는 순간, 리더로서의 영향력은 급속히 줄어들게 된다.

03

대상에 대한
사랑에서 출발하라

    미국의 한 텔레비전 프로그램 중 〈누가 보스인가?〉라는 프로
그램이 있다. 한 조직의 최고위직 인물이 그 조직 내에서 가장 낮은
직급의 업무를 경험해보는 프로그램인데, 한번은 미국 호텔 업계의
리더 가운데 한 사람인 조나단 M. 티쉬가 참가하였다. 그는 1989년
부터 로우스 호텔의 최고경영자로 일해왔는데, 짧은 기간 동안 로우
스 호텔이 고급 호텔 체인으로 자리를 잡는 데 중대한 역할을 했다.
참고로 로우스 호텔의 모기업은 현재 800억 달러의 자산을 보유하고
있는 미국 최대의 홀딩 컴퍼니, 로우스(Loews Corporation)다.
    조나단은 뉴욕 시 61번가에 있는 자기 사무실을 떠나서 일주일 동
안 로우스 마이애미비치 호텔에서 모든 업무를 직접 해보는 경험을
가졌다. 업무 중에서 그가 가장 힘들어 한 것은 손님이 떠나고 난 다
음 객실 여기저기를 깔끔하게 청소하는 객실 관리였다.

침대 시트를 갈고 젖은 타월을 치우고 지저분한 객실을 깔끔하게 청소하는 일은 육체적인 긴장뿐만 아니라 정신적인 긴장까지 불러일으켰다. 객실 관리를 하면서 조나단이 깨우친 사실은, 자신이 돈을 냈으니까 객실 안을 어지럽히고 더럽혀도 괜찮다고 생각하는 사람들이 다수라는 점이었다. 그런 탓에 객실 관리는 더욱 힘들었다. 조나단은 자신이 직접 그 일을 해봄으로써 낮은 직급의 사람들이 어떤 상황에서 일하는지 알게 되었다. 그리고 그는 객실 관리 책임자인 사라 로이즈로부터 값진 교훈을 얻었다.

> 사라는 나에게 직접 욕조 벽에 묻은 때를 깨끗하게 닦는 법을 가르쳐주었는데, 그녀가 정성을 다해서 욕조를 닦는 모습을 보고 이렇게 말했다.
> "손가락으로 그림을 그리는 것 같아요."
> 그러자 사라는 조그만 일에서조차 한 인간의 영혼과 철학이 담길 수 있어야 한다고 말했다.
> "그렇죠. 어떤 일을 하시더라도 이렇게 흥미를 찾을 수 있어야 합니다."
> 그 후 본사로 복귀하여 내 본래의 업무를 행하면서 어려운 일에 부딪힐 때마다 나는 사라 로이즈가 내게 가르쳐준 교훈을 기억해내곤 한다.
> – 조나단 M. 티쉬, 《우리의 힘》, p. 44.

조나단 M. 티쉬가 그 일을 통해 가슴으로 깨우치게 된 것은, 무슨 일을 하든지 간에 대상에 대한 지극한 사랑이 있어야 한다는 사실일 것이다. 특히나 자신의 직업에 대한 사랑이 없으면 그 직업을 통해서 좋은 성과를 거두기는 더더욱 힘이 든다.

대상에 대한 절실한 사랑이 필요하다

주위를 둘러보자. 자신의 일을 대충 혹은 건성으로 대해온 사람 가운데 세월의 흐름과 함께 자신을 세상에 드러낸 사람들이 있는가? 물론 예외적인 인물도 있겠지만 대부분은 세월과 함께 잊혀진 인물이 되고 만다.

　대상에 대한 사랑을 이야기할 때면, 후배 가운데 특별한 능력을 가졌던 K란 인물이 떠오른다. 그를 처음 만난 것은 필자가 기업에 몸담고 있던 시절이었다. 그는 매우 총명했을 뿐만 아니라 자신이 몸담고 있는 업계를 파악하는 능력이 출중하였기 때문에 필자는 그가 장차 크게 성공할 것이라고 생각했다. 그런데 당시 필자는 그런 능력보다 더 중요한 것은 자신의 직업에 일정 기간 동안 몰입할 수 있는 지구력과 결단력이란 사실을 간과했다. 불행히도 그는 다른 능력은 모두 갖추었지만 지구력과 결단력을 가지지 못했다. 주위의 권유에 의해 여기 기웃, 저기 기웃거리면서 세월을 흘려보내고 말았다.

　지구력과 결단력은 의무감에서 생겨날 수도 있지만, 원천적으로는 대상에 대한 사랑에서부터 나온다. 처음부터 자신의 직업을 사랑하면 매우 다행스러운 일이지만, 그렇지 않다면 시간이 지날수록 자신의 일을 사랑하게 되도록 만들어야 한다.

젊은 날 사랑에 빠져본 적이 있는가. 사랑에 빠진 사람들은 흔히 눈에 무엇이 씌었다는 표현을 즐겨 사용하는데, 모든 것은 사랑하는 사람의 기쁨, 성장, 행복에 초점이 맞춰진다. 사랑에 빠진 사람들은 언제 어디서나 사랑하는 대상에게 도움이 될 수 있는 방법을 찾는다. 리더도 이와 마찬가지로 대상에 대한 절실한 사랑을 가져야 한다.

다수의 사람들을 위해 무엇을 할 수 있는지에 초점을 맞춰라

정치 리더의 경우 자신의 입신출세를 위해서 자리를 추구하기도 한다. 뽐내고 싶은 욕망, 자랑하고 싶은 욕망, 인정받고 싶은 욕망, 지배하고 싶은 욕망은 인간이면 누구나 가질 수 있는 심성이다. 그러나 정치 리더는 항상 대상에 대한 강력한 사랑을 바탕으로 '내가 재임하고 있는 동안 사람들을 위해서 어떤 일을 해야 할까'를 고민해야 한다.

불행히도 한국의 역사를 보면 대상에 대한 사랑을 실현하기 위해 노력한 지도자보다는 자신의 입신과 집안의 부귀영화를 위해 권력을 추구한 이들이 더 많았던 것 같다. 그렇기 때문에 이끄는 대상으로부터 존경과 자발적인 협조를 얻어내는 데 성공한 지도자를 찾아보기 힘들다. 사람들은 그가 그 자리에 있기 때문에 혹은 힘을 갖고 있기에 협조하는 것처럼 행동했지만, 진정으로 그에 대한 존경심을 갖는 경우는 드물었다.

개중에는 수천 억원의 비자금을 축적해서 퇴임 이후에 국민들의 비난과 지탄의 대상이 된 이들도 있다. 이들에게 자리란, 수고에 대한 대가나 이권을 나누어주는 대신에 리베이트를 조금 받는 것 정도로 받아들여졌을 수도 있다. 그들은 분명 대상에 대한 사랑을 갖고 있지 않았을 것이다. 그들에게 있어 자리란 단순히 권력 욕구를 채워주는 수단에 불과했을 것이다.

작은 조직이든 큰 조직이든 간에 리더의 자리에 앉은 사람이라면 우선적으로 '내가 진정으로 대상을 사랑하고 있는가, 사랑할 수 있는가, 사랑하기 위해 노력할 수 있는가?'를 자문해보아야 한다. 설령 사랑이라는 면에서 지금 현재 다소 미흡한 점이 있더라도 최선을 다해 노력해야 한다.

대상에 대한 사랑이 있다면 리더가 우선순위를 정해서 해야 할 일도 비교적 뚜렷하게 드러날 것이다. 언젠가 작가 최인호 씨가 정진석 추기경과 나눈 대화록이 《동아일보》에 크게 실린 적이 있다. 내용 중에 정진석 추기경이 "우리나라 정치 지도자들이 자기 생각을 반만 하고 나머지 반이라도 백성을 생각해주었으면 좋겠다"고 말한 대목이 있었다. 정진석 추기경의 지적처럼 자신의 욕심을 앞세우기 때문에 항상 갈등과 분쟁이 일어나게 된다. 다수의 사람들이 원하는 것이 무엇이고, 다수의 사람들을 위해 내가 무엇을 해야 하는가라는 부분에 초점을 맞추면 모호함으로 가득 차 있는 많은 부분들이 선명하게 그 모습을 드러낼 것이다.

언젠가 필자의 '자기경영 아카데미'에, 탄탄한 중소기업을 일으킨 분이 아들과 함께 참가한 적이 있다. 성취동기와 관련된 내용을 다루던 끝에 그분에게 "어떻게 스스로 성취동기를 부여하고 있습니까?

다른 분들이 이야기하지 않은 것이 있다면 딱 한 가지만 이야기를 해보시지요"라고 물었다. 그러자 그분은 이런 이야기를 하였다.

저도 가끔은 게으름을 피우고 싶을 때가 있습니다. 생활이 헝클어져 있을 때 '이렇게 하면 안 되는데'라는 생각이 들 때마다 저는 아침 일찍 현장에 나옵니다. 그러면 이른 아침부터 동남아에서 온 산업연수생들이 열심히 공장의 기계를 돌리면서 잘해보려고 노력하는 것을 보게 됩니다. 그때마다 '내가 정말 잘해야겠구나'라는 각오를 다지게 됩니다. 이런 경험들을 하다 보면 어느새 어려움을 극복하고 생활을 새롭게 차고 나갈 힘과 용기를 얻게 됩니다.

그분의 이야기를 들었을 때 대상에 대한 사랑과 책임이란 단어가 떠올랐다. 부모가 가정과 아이들의 미래를 위해 헌신하는 것은 그들을 사랑하기 때문이다. 마찬가지로 리더의 위치에 서 있는 사람들은 대상에 대한 사랑을 자신의 출발점으로 삼아야 한다. 그리고 그것을 갖기 위해 부단히 노력해야 한다.

1963년 생으로 전국민족민주운동연합(전민련)과 조국통일범민족연합(범민련) 등의 재야단체에서 핵심적인 역할을 하다가 사상적 개안(開眼)을 한 홍진표 씨는 정치 지도자들에 대한 바람을 다음과 같이 말한다. 그의 바람 역시 대상에 대한 사랑이다. 그곳에서부터 애국심과 헌신이 나오기 때문이다.

우리 리더십에 기본적으로 애국심이 좀 있었으면 합니다. 최근의 리더십은 국민 전체의 대통령이라는 의식이 없는 것 같아요. 너무 당파적입니다. 특정한 세력은 지지하고, 나머지는 배제한다는 발상이 답답하게 느껴집니다. 그 점은 역대 정권 중에서 노무현 정권이 가장 심합니다. 이런 과정을 지켜보면 기본적으로 애국심의 문제가 아닌가 합니다. 지금 이른바 대권 경쟁 반열에 있는 사람들도 어떻게 하다 보니 목록에 올라 있고, 그래서 대통령을 해보겠다는 식인 경우가 많습니다. 왜 대통령을 하려고 하는지 그 동기 자체가 오히려 모호하고요. 이 나라를 위해서 무언가를 해보겠다는 결의가 반드시 있어야 하는데, 책무보다 권력에 집착하는 느낌을 많이 받습니다.

– 류근일 · 홍진표, 《지성과 반지성》, p. 310

04
두려움에 정면으로 맞서라

대다수 사람들은 변화를 반기지 않는다. 다들 현상 유지를 원한다. 이 때문에 리더는 조직이나 공동체가 추구하는 목표를 달성하기 위해서, 변화를 싫어하는 다수의 의견에 반하는 행동을 보이기도 한다. 그리고 자신의 이익이 침해당하는 것 자체를 격렬히 반대하는 이해 집단과 부딪히기도 한다. 이 같은 과정에서 필연적으로 갈등이나 충돌이 생기게 마련이다. 따라서 리더는 때로는 적극적으로 설득하고, 때로는 당사자들에게 신상필벌(信賞必罰)의 원칙을 적용하고, 때로는 자신의 의견을 밀어붙여야 한다.

그러나 자신이 내린 결정이 구체적으로 어떤 파급 효과를 가져올지 어느 정도 예측은 가능하지만, 그 결과가 드러나기 전까지는 정확히 알 수 없다. 따라서 리더는 근본적으로 두려움과 당당하게 맞설 수 있는 사람이어야 한다.

'나의 길'을 갈 수 있어야 한다

누구나 중요한 의사 결정을 내려 본 경험이 있을 것이다. 그것이 굳이 회사와 관련된 사항이 아니어도 무방하다. 학교, 직장, 배우자 선택시 자신에게 밀어닥쳤던 두려움이나 어려움을 떠올려보면 된다. 자신의 선택이 가져올 결과에 대한 두려움이 커다란 부담으로 다가왔을 것이다. 자신이 이끄는 조직이나 공동체의 성공과 실패를 좌우할 수 있는 의사 결정인 경우에는 그 두려움은 더욱 커질 것이다.

특히 기업의 명운이 걸린 엄청난 대형 투자를 앞둔 리더의 심경을 당사자가 아니면 어떻게 알 수 있겠는가. 마찬가지로 나라의 운명을 결정할 수도 있는 의사 결정을 앞둔 리더의 두려움과 중압감을 어느 누가 짐작할 수 있겠는가.

최고경영자 조찬 자리에서 몇몇 경영자들과 자리를 함께한 적이 있는데, 치열한 격전의 현장을 뛰어온 노년의 현직 경영자 한 분이 "기업의 최고 자리에 앉은 사람은 두 번째 자리에 앉은 사람보다 10 배 정도의 부담이 아니라 100배를 넘는 부담을 느낀다. 하지만 누구도 당사자가 아니면 그런 부담을 느끼지 못한다"라는 말을 했다. 의사 결정을 내리는 최종 책임자가 가진 부담감이 어떤 것인가를 잘 드러내주는 말이었다.

오늘날의 IBM을 가능하게 한, 창업자 토머스 왓슨의 아들 토머스 왓슨 주니어는 아버지라는 큰 그늘이 사라져버리고 난 다음 자신이 매사를 헤쳐나갈 제일 높은 자리에 서게 되었을 때, 기업의 명운을 결정할 수도 있는 의사 결정의 고비마다 자신이 느꼈던 두려움을 다음과 같이 표현하였다.

> 내 일생에서는 실패에 대한 두려움이 성공할 수 있는 가장 커다란 원동력이 되었다. 나와 같은 직업을 가진 사람은 누구나 자신이 바보가 아니라면 조금은 두려워할 줄도 알아야 한다고 생각한다. 잘못하면 급전직하되어 몰락의 길을 걸어야 하기 때문이다. 그렇지만 아버지가 돌아가시고 난 뒤 아들 톰과 함께 모처럼 여행도 할 겸 알래스카 지사를 둘러보고 막 IBM으로 돌아왔을 때 느꼈던 두려움은 정말 나를 섬뜩하게 했다. 아버지가 돌아가시기 전에는 실제로 회사를 이끌어가는 최고경영자이면서도 아버지가 옆에 있기 때문에 완전한 신망을 얻지 못하고 있다고 짜증을 내기까지 했다. 나는 미처 심정적으로 아버지가 얼마나 필요한 분인지를 깨닫지 못하고 있었던 것이다.
>
> 알래스카 여행에서 돌아온 뒤 얼마 지나지 않은 어느 날, 사무실 밖의 복도에 서서 옛날 아버지의 방으로 통하는 계단을 멍하니 올려다보던 기억이 난다. 'IBM 세계 무역'을 딕이 운영하고 있는 것 외에는 IBM이라는 무거운 짐은 이제 온통 내게 지워져 있었다. 아버지가 돌아가시지 않았더라면, 내가 몇 년간 IBM 총수 자리에 있다 해도 그처럼 부담스럽지 않았을 것이다.
>
> 아버지를 생각하지 않은 날은 단 하루도 없었다. 내가 정말로 걱정했던 것은 지금까지 일궈놓은 사업을 혹시 망쳐버리지나 않을까 하는 것뿐이었다.
>
> – 토머스 왓슨 주니어, 《IBM, 창업자와 후계자》, pp. 295~297.

중요한 의사 결정을 내리고 이런 결정에 대해서 책임을 져야 하는 위치에 놓인 리더들은 다양한 압박을 받게 된다. 그것은 상황이 될 수도 있고, 임박한 시간이 될 수도 있고, 서로 이해관계가 다른 다양한 집단들의 유무언의 압박이 될 수도 있다. 또한 관례나 전례와 같이 지금까지 이어져 내려오던 관습이나 전통이 될 수도 있으며, 리더와 다른 의견을 가진 보좌진일 수도 있다. 자신의 의사 결정에 영향을 미치는 그 모든 것들을 '압박'이란 한 단어로 표현할 수 있다. 리더는 그런 압박의 중압감을 넘어서서 자신만의 선택을 내릴 수 있어야 한다. 한마디로 '나의 길(my way)'를 갈 수 있어야 한다.

상황을 바꾸기 위한 용기와 지혜를 가져야 한다

다음 이야기는, 역대 정부에서 관직을 가지지는 않았지만 조언을 아끼지 않았던 어떤 분이 필자에게 들려준 이야기이다. 리더라는 자리에 앉았을 때 어떤 상황에 처하게 되는지를 잘 보여주는 사례다.

정말 대통령 한 분만 빼고 거의 대부분의 사람들이 사심을 가진 것처럼 보였습니다. 자리를 차지하고 그 자리를 유지하고 그 자리가 가져다주는 이익에 충실하게 행동하고 있었습니다. 모두가 겉으로는 공익을, 대통령님의 이야기를 입에 달고 다녔지만 저에겐 자신의 이익을 위해 헌신하는 사람들 이상도 이하도 아니었습니다. 저는 그 점이 무척 놀라웠습니다.

필자는 이 이야기를 듣고 전혀 놀라지 않았다. 왜냐하면 인간이란 본래 자신의 이익에 충실한 존재이기 때문이다. 특히 첨예한 이익이 걸린 사안일수록 주변 사람들이 자신의 의견을 음으로 양으로 표현할 수 있다. 그것은 최고 의사 결정자의 입장에서 나온 의견일 수도 있지만, 대부분 자신의 이익과 깊이 연결되어 있는 경우가 많다. 그렇기 때문에 리더는 이런 상황을 뛰어넘어 자신만의 선택을 내릴 수 있어야 한다. 그때 필요한 것은 용기라는 덕목이다. 일찍이 윈스턴 처칠은 "용기는 인간의 최고 자질로 존중받아 마땅하다. 왜냐하면 용기는 다른 모든 자질들을 지켜주기 때문이다"라고 말했다.

주위의 리더들을 보라. 화합이란 이름으로 늘 다수가 따르는 길을 추종해왔던 인물이 있는 반면, 자신만의 길을 만들어온 인물도 있을 것이다. 무리 없이 무난하게 매사를 처리해온 인물인지, 아니면 일이 되도록 하는 방법을 찾아서 헌신해온 인물인지 잘 살펴야 한다. 기존의 관습이나 규칙을 있는 그대로 받아들이지 않고, 끊임없이 의문을 제기하고, 도전하는 것을 두려워하지 않고, 새로운 길을 개척하는 데 성공한 리더가 진정한 리더다.

존 F. 케네디의 사후에 그의 어두운 면에 대해서 많은 이야기가 흘러나왔지만 여전히 미국인들은 그를 사랑한다. 그의 자서전을 집필한 존 바네스는 케네디를 두고 "케네디는 어렸을 때에도 권위에 의문을 제기하고 기존 질서를 뒤흔들었으며, 일생 동안 그러한 특성을 잃지 않았다. 그는 권위에 도전하거나 관행을 깨뜨리는 것을 두려워하지 않았다. 어린 시절부터 갖고 있던 그런 자신감은 그가 대통령이 되어 미국에 많은 변화를 일으키는 데 도움이 되었다"고 말한다.

제대로 된 변화가 필요한 시점이라면, 상황을 완전히 장악하고 도전에 대한 두려움을 정면으로 맞설 수 있는 용기를 가진 그런 리더가 필요하다. 이런 점에서 볼 때, 케네디의 어린 시절과 관련된 다음 에피소드는 리더를 선택함에 있어서 많은 것을 생각하게 해준다.

존 F. 케네디는 코네티컷 주에 있는 엘리트 기숙학교 초트에 다녔는데, 그의 형 조 주니어는 운동도 잘하고 학업 성적도 뛰어나서 이 학교의 무시무시한 교장 조지 세인트 존의 신임을 얻고 있었다. 한편 존은 성적이 중간 정도였으며(물론 영어와 역사 과목은 잘했다), 스포츠도 잘하지도 못했다. 많은 규칙과 규제를 앞세우던 학교 입장에서 볼 때 그는 별 쓸모가 없는 학생이었다.

어느 날 예배 시간에 세인트 존이 앞으로 나와서, 규율이 바르지 못한 소년들을 '망나니'라고 비난하면서 그런 학생은 누구든 내쫓아버리겠다고 으름장을 놓았다. 어린 케네디(아마도 세인트 존은 이미 그를 망나니라고 간주하고 있었을 것이다)는 그의 협박에 도전했다. 그는 같은 생각을 가진 다른 소년들을 10여 명 모은 뒤 '망나니 클럽'이라 지칭하며 학교에서 소란을 일으키기도 했다.

그 망나니들 중 하나가 심하게 장난을 치자, 세인트 존은 어린 케네디를 주모자로 지목했다. 그리고 워싱턴 D. C. 증권거래위원회 회장을 맡고 있던 그의 아버지 조지프 케네디를 불러 그의 아들이 한 행동에 관해 가차 없이 나무랐다. 세인트 존은 존을 그의 형 조와 부당하게 비교하면서, 두 소년이 같은 집안에서 태어났다는 사실을 믿기 어렵다고 말했다. 초트에서의 존의 미래가 불투명해졌다.

하지만 세인트 존이 잠깐 자리를 비웠을 때 아버지는 아들의 방식을 전적으로 비난하지 않는다는 생각을 분명히 밝혔다.

"만약 내가 그 망나니 클럽을 지휘하고 있다면, 결코 스스로를 망나니라 부르지는 않을 게다."

케네디는 쫓겨나지 않았다. 그리고 이 사건을 통해서 그는 아버지로터 권위에 도전하기를 두려워하지 않고 위협에 따르지 않는 태도를 배웠다. 그는 평생 그런 망나니로 남았다.

– 존 바네스, 《케네디 리더십》, pp. 45~46.

무난한 사람은 생활인으로 머물러 있으면 더할 나위 없이 족하다. 역사에서 큰 발자취를 남긴 대다수 리더는 어떤 면에서 보면 존 바네스가 이야기하는 '망나니'에 속하는 사람들이라고 할 수 있다. 그 정도의 배짱이나 용기를 갖지 않고서는 층층이 이해관계로 쌓인 기존 질서를 새로운 모습으로 탈바꿈시킬 수 없기 때문이다.

우리가 진정으로 필요로 하는 리더는, 바꿔야 할 것이 있다면 상황에 맞설 수 있는 용기와 지혜를 가진 인물이라 하겠다. 변화가 가져오는 혼돈과 혼란 때문에 그냥 이대로를 주장하는 복지부동(腹肢不動)하는 인간형은 결코 아니다.

05
품위는 리더에게
영향력을 가져다준다

국어사전에서 품위는 '사람이나 물건이 지닌 좋은 인상'이라고 기록되어 있다. 여기서 좋은 인상은 다양한 의미를 지니고 있을 것이다. 예를 들어 어떤 리더를 두고 '그는 품위가 있는 인물이다'라고 말한다면 그는 어떤 특징을 가진 인물일까? 리더의 언행 곳곳에서 따스함, 친밀함, 존경심이 느껴지는 사람일 것이다. 그러면 리더가 품위를 가져야 하는 이유는 무엇일까? 품위는 리더에게 영향력을 가져다주기 때문이다.

리더에게 있어 따스함과 친밀함은 자연스러움과 비슷한 의미를 지니고 있지만, 그것이 지나칠 경우 결코 존경심으로 연결될 수 없다. 따라서 품위는 자연스럽긴 하지만 결코 자연스러움 그 자체에 머물러 있을 수는 없다.

따라서 자연스러움과 존경심 사이에는 적절한 긴장 관계가 형성되어 있어야 한다. 그런데 이런 균형을 유지하기가 쉽지 않기 때문에 대부분의 리더들은 지나치게 권위주의로 흘러가버리는 경우가 많다. 반대로 지나친 솔직함이나 자연스러움 때문에 '당신과 나 사이에 무슨 차이가 있느냐'는 생각을 불러일으켜 존경심을 이끌어내는 데 실패하기도 한다.

다른 사람들과의 간격을 줄여라

외자계 기업에 근무하고 있는 대표이사 Y씨는 50대임에도 불구하고 당시로서는 보기 드물게 외국에서 사립 고등학교와 대학을 졸업한 인물이기도 하다. 세련된 매너, 유창한 영어, 여기에다 다양한 취미 활동은 그에게 '우아한(elegant)'이라는 단어를 떠올리게 한다.

그러나 Y씨와 직원들 사이에는 냉랭한 기류가 흐른다. 직원들 입장에서 그는 하나의 잘 짜여진 기능을 갖춘 인물이자 차가운 개인주의자 이상도 이하도 아니다. 그는 단지 직장의 상사일 뿐이다. 그에게 존경심을 가진 직원들은 거의 없다. 그가 가진 결정적인 실책은 따스함, 친밀함, 소박함과 거리가 멀다는 점이다. 그가 사람을 이끄는 위치에 있지 않다면 별반 문제가 되지 않을 부분도 그가 사람을 이끄는 자리에 있기 때문에 중요한 결격 사유가 된다.

개인주의가 발달한 나라에서는 그를 품위 있는 인물이라고 부를 수 있을지 모르지만, 한국의 경우 이런 리더는 부족한 리더이다. 물론 조직이란 기능으로 이해하면, 좋은 성과만 올릴 수 있다면 이런 인물에 대해 이렇다 저렇다라고 이야기할 필요가 없을지도 모른다. 그러나 리더와 사람들과의 거리감은 장기적으로 조직의 성과에 영향을 미치게 된다. 왜냐하면 임직원들의 몰입과 헌신을 불러일으키는 데 문제가 있기 때문이다.

타인에게 어떻게 비춰질까를 항상 생각해야 한다

품위를 만들어내는 데 무엇보다 중요한 대목은 '절제된 행동'이라 할 수 있다. 그것은 하루아침에 생겨나는 것이 아니라, 하나의 습관이자 오랜 기간 동안 축적되어 나타나는 것이다. 윈스턴 처칠에 대한 일화를 읽다 보면 품위를 유지하기 위해 지도자가 어떻게 행동해야 하는지에 대한 인상적인 대목이 나온다.

병상에 누워 있는 그에게 텔레비전 카메라가 다가가자 그는 언제 환자였냐는 듯이 벌떡 일어나서 의연한 모습으로 카메라 앞에서 자기 자신을 새롭게 드러냈다. 모름지기 리더는 타인에게 자신이 어떻게 비추어질 것인가를 항상 생각해야 한다. 이런 면에서 보면 절제된 행동은 늘 리더가 갖고 있어야 할 삶의 한 부분이라 하겠다.

1955년 4월 5일, 하이드파크의 처칠 저택에서 일어났던 이야기이다. 그의 방으로 들어서는 순간 나는 그의 건강이 너무도 악화된 것에 충격을 받았다. 뒤로 젖히는 의자에 앉아 있는 처칠의 눈은 반은 감겨 있었다. 나(리처드 닉슨 전 미국 대통령)는 이것이 그와의 마지막 만

남이 될 것이라는 것을 알고 있었다. 그래서인지 어딘지 모르게 망설이면서 서툴게 인사를 하였다. (…)

내가 떠나려 하자 그는 굳이 문까지는 배웅을 하겠다고 고집하였다. 그는 부축을 받으며 의자에서 일어나 두 사람의 도움으로 겨우 걸음을 옮기기 시작하였다. 문이 열렸을 때 우리는 급작스런 텔레비전 카메라의 조명으로 잠시 시력을 잃었다. 그런데 이것이 그에게는 놀라운 변화를 일으킨 것이다. 그 순간 그는 가슴을 활짝 펴고 양옆에서 부축하는 사람을 밀쳐버리고는 홀로 우뚝 섰던 것이다. 나는 그 순간 분명히 처칠의 처칠다운 참모습을 볼 수가 있었다.

그는 턱을 바짝 쳐들고, 눈에서는 광채가 나기 시작하면서 손을 들어 그 유명한 승리의 신호인 'V' 자를 다시 흔들어 보인 것이다. 카메라맨들이 바빠지면서 플래시가 수없이 터졌다. 잠시 후 문은 닫혔다. 카메라 앞에서는 처칠은 변함없이 영원한 영웅이었던 것이다. 세월은 그를 좀먹을 수 있었지만 그의 정신만은 어쩌지 못한 것이다.

– 리처드 닉슨, 《지도자들》, pp. 89~91.

인간은 누구나 양면성을 갖고 있다. 다른 사람들에게 드러나지 않는 측면을 제외한 공적인 삶에서는 상당 부분 의도된 연출에 가까운 모습이 필요하다. 물론 연출에 반감을 가지는 사람도 있을 것이다. 하지만 그렇게 행동하다 보면 절제된 행동은 어느새 자신의 것으로 만들어지게 된다. 행동하기 이전에 한번쯤 '나의 이 같은 행동이 타인에게 어떻게 비추어질까?'를 생각해보는 것도 도움이 될 것이다.

품위를 만들어내는 데 두 번째로 필요한 것은 리더가 사용하는 언어다. 언어는 한마디로 습관이라 할 수 있다. 언어 습관은 리더에게 무척 중요하다. 도와주는 것 없이 괜히 욕을 먹을 수 있는 부분이 언어이기 때문이다.

리더에게 언어가 가진 중요성은 오랜 역사를 갖고 있다. 지도자와 언어의 관계에 대해서, 빛과 소금 교회의 이덕재 목사는 야곱보서 3장 '혀의 위험성'에 대한 글에 빗대어 이런 이야기를 들려준다.

> 첫째, 지도자들은 '혀'를 잘 사용하여야 한다. 지도자는 남의 눈에 잘 띄는 위치이고 영향력 있는 위치에 있기 때문에 사람들과 하느님께로부터 더욱 엄한 기준으로 평가받아야 함을 기억해야 한다. 둘째, 혀의 '파괴력'을 염두에 두고 살아야 한다. 혀는 말의 재갈이나 배의 키와 같이 크기에 비교할 수 없이 엄청난 위력을 가졌다. 마치 작은 불씨 하나가 숲을 태울 수 있는 파괴력과 같은 것이다. 혀를 잘못 사용할 때 자신을 멸망으로 이끌 수 있으며 다른 이들까지도 무너뜨릴 수 있다. 한마디로 사람을 얻을 수도, 잃을 수도 있는 것이다. 우리 모두 예외 없이 혀를 '흉기'이기보다는 이기(利器)로 사용해야 할 책임을 지니고 있다. 셋째, 혀를 얼마나 잘 다스리는 것에 따라 그 사람의 성숙도가 평가될 수 있다. 물론 말에 실수가 없기는 참 어려우며 혀를 길들이기는 불가능하다고 성경은 말하고 있다. 그러나 우리의 미성숙한 언행을 정당화할 수 있다고 말하는 것은 아니다.
>
> – 이덕재, '지도자와 혀의 중요성', cafe.naver.com/lifegoodnewschureh/425

리더는 자신이 하는 말이 상대방에게 어떻게 비춰질까를 항상 고려해야 한다. 자신의 말이 미치게 될 파급 효과에 대한 충분한 고려 없이 던지는 즉흥적인 발언으로 인해서 본의 아니게 자신의 품위가 낮아질 수도 있다. 따라서 리더는 스스로 품위 상실을 가져올 수 있는 요인들을 파악하고 이를 적극적으로 방지하기 위해 노력해야 할 것이다. 이 가운데 당장 손을 쓸 수 있는 부분이 절제되지 않은 언어다.

06
리더의 자리는
봉사하는 자리다

높은 자리는 리더에게 막강한 권한을 준다. 게다가 자리는 좀처럼 주변 사람들에게 '그렇지 않습니다, 혹은 아니오'라는 이야기를 할 수 없도록 만든다. 때문에 리더들은 자신과 자신의 자리가 제공하는 힘에 스스로 취하게 될 가능성이 높다. 게다가 한국 사회는 상대적으로 서열을 중시하는 사회이며, 한글의 구조는 중국어나 영어와 같은 언어에 비해 명확하게 서열 구조를 담고 있다. 언어는 인간의 의식을 결정하는 중요한 변수이다.

젊은 날 외국에서 유학을 하면서 필자는 상대방과 내 자신을 수직적인 관계로 규정하려는 습관이 있다는 사실에 매우 당혹감을 느꼈다. 그런데 이 같은 습관은 유학 시절 내내 지속되었던 것 같다. 물론 시간이 가면서 의도적인 노력으로 조금씩 나아지긴 했지만, 크게 변하지는 않았다.

관행에 물들지 마라

높은 자리에 오르면 다들 자신도 모르는 사이에 위계질서에 익숙해진다. 자신을 따르는 사람들이 철두철미하게 모시는 자세를 견지하므로, 위계질서가 가져다주는 다양한 편익을 당연하게 받아들이는 것이다.

같은 한국 사람들이 근무하는 조직이라도, 한국 기업과 외자계 기업의 조직 분위기는 판이하다. 한국 기업 대표이사와 조직 구성원 사이에는 철저한 위계질서가 자리 잡고 있다. 반면에 외자계 기업의 경우에는 지위를 기능적인 측면에서 바라보는 경우가 많다. 뭐니 뭐니 해도 가장 철두철미한 위계질서를 자랑하는 조직은 공적 성격을 지닌 조직이라 하겠다. 그렇다고 해서 수직적인 관계가 모두 나쁘다고 말하는 것은 아니다. 다만 이 같은 관행과 의식은 특정 지위가 주는 힘을 자신의 것으로 착각하게 만들 가능성이 매우 높다는 점을 강조하고 싶을 따름이다.

공직에서 수장으로 자리를 옮긴 이들 중에는 의외로 자신과 자리를 동일시하는 경우가 많다. '저런 사람이 아니었는데'라는 말이 나올 정도로 근엄하게 행동하거나 한걸음 더 나아가 오만하다고 느껴질 정도로 처신하는 이들도 있다.

물론 개중에는 그렇지 않은 사람들도 있다. 오랫동안 해외에서 활동하던 C씨는 고위직에 오른 뒤에도 예전과 다름없이 사람을 대한다.

C씨는 지위와 자신을 명확하게 구분하고 있음에 분명하다. 자신이 맡고 있는 지위가 가진 힘을, 그 지위를 수행하는 데 있어 편리함과

기능적인 면을 위해서 유권자가 자신에게 한시적으로 부여한 것으로 이해하고 있을 것이다.

L씨는 30년이 넘는 공직 생활을 해왔는데, 퇴직할 무렵 필자에게, 유관 부서를 관장하던 국회의원 가운데 자신의 힘을 필요 이상으로 발휘하지 않았던 이는 손에 꼽을 정도라고 말했다. 그리고 공직 생활을 해오면서 유쾌하지 않았던 기억 가운데 하나가 안하무인으로 행동하는 국회의원을 모시는 일이었다고 한다. 지위가 올라가면 갈수록 스스로를 낮추는 데 익숙한 사람들도 있었기 때문에 그나마 나은 편이었다고 덧붙이긴 했지만 "국회의원만한 자리도 없다"는 그의 말 속에서 많은 것을 읽어낼 수 있었다.

결국, 리더의 처신 가운데 타인을 어떻게 대하느냐의 문제는 사회적인 분위기나 언어 등과 같은 외부적인 요인에서 비롯되기도 하지만, 그보다는 한 인간이 가진 품성에서 비롯된다고 할 수 있겠다.

섬기는 리더상이 필요하다

리더가 차지하는 자리란 항상 한시적이라는 점을 강조하고 싶다. 그 자리를 떠나고 나면 다시 평범한 생활인으로 돌아오게 된다. 자리를 한시적인 기능으로 이해하면 자신을 따르는 사람들 혹은 자신이 이끌어야 하는 사람들을 낮춰보지 않는다.

리더는 항상 자신의 자리를 타인에게 봉사한다는 마음으로 대해야 한다. 자신의 자리를 군림하는 자리로 받아들일 것인가, 아니면 봉사하는 자리로 받아들일 것인가에 따라 리더의 행동과 마음가짐이 달라진다. 근래에 크게 유행하고 있는 '서번트(servant) 리더십'의 본질도 바로 섬기는 리더상이라 할 수 있다. 섬기고, 봉사하고, 헌신하는 리더라면 당연히 상대방으로부터 감동을 불러일으킬 것이다. 여기서 비로소 리더십이 위력을 발휘한다.

이런 면에서 보면 리더십은 기술적인 면과는 거리가 멀다고 할 수 있다. 그것은 삶의 한 방식이라 할 수 있다. 다시 말하면 자신이 이끄는 사람들과 자신 사이의 관계를 설정하는 리더 개인의 가치관 문제와 깊게 연결되어 있다. 힘을 휘두르는 것으로 자신을 정의하는 것과 타인을 돕는 것으로 자신을 정의하는 것 사이에는 엄청난 간격이 있다. 이는 결국 리더의 인간 됨됨이와 관련된 문제라 할 수 있다.

3장_리더의 긍정적인
태도가 희망을 낳는다

01
리더는 행동으로
　　　성과를 보여주어야 한다

말만 앞세우는 리더는 금방 신뢰를 잃어버린다. 물론 얼마간의 시간 동안 조직 구성원들의 마음을 사로잡거나 속일 수는 있다. 그러나 행동으로 성과를 보여주지 못하면 구성원들은 야박하다고 할 정도로 리더를 외면해버린다. 이런 상황에 도달하면 존경은 고사하고 경멸받는 딱한 처지에 놓이게 된다.

딱한 리더의 전형적인 모습 가운데 하나는 지나치게 말을 많이 하고 약속을 남발하는 경우다. 그는 자신이 어떤 말을 내뱉었는지 그리고 어떤 약속을 언제 누구와 했는지 잊어버린다. 하지만 자신이 잊어버린다고 해서 문제가 없어지는 것은 결코 아니다. 말을 듣는 대상은 리더 자신의 망각 여부와 관계없이 리더가 한 말이나 약속을 기억하고 있다. 특히 특정 그룹이나 개인에 대한 약속은 오랫동안 잊혀지지 않는 법이다.

그러므로 첫째도 약속 조심, 둘째도 약속 조심이라 할 수 있다. 절제된 언어를 사용하되 가급적 행동으로 자신의 의지를 밝히는 것이 바람직하다. 행동을 중시하는 것은 인간이 가진 습관과 깊은 관련이 있다. 따라서 평소 행동하는 습관을 가진 리더만이, 자신이 커다란 영향력을 행사할 수 있는 자리에 앉게 되었을 때 자연스럽게 행동 중심의 인물로서의 면모를 유감없이 발휘할 수 있을 것이다.

허황된 약속은 신뢰를 추락시킨다

처음으로 어떤 직책의 리더로 영입되었을 때 주의해야 할 점은, 함부로 약속을 해서는 안 된다는 것이다. 많은 리더들이 새로운 자리에 매료되거나 그 자리가 가져다줄 가능성의 영역을 지나치게 과대평가한 나머지, 객관적인 성과 창출 가능성을 깊이 고려하지 않은 채 약속을 남발한다. 먼저 상황을 완전히 파악한 다음 자신이 도달 가능한 목표를 정확하게 세워야 한다. 구성원들과의 약속은 그 이후에 해야 한다.

새로 부임하는 리더의 입장에는 약속을, 의지 표명이나 소망 정도로 이해할 수 있지만, 그 리더를 받아들이는 구성원들은 이를 전혀 다르게 받아들인다. 다시 말하면 새로운 리더가 분명히 실천할 목표로 받아들이는 것이다. 리더와 구성원들 사이에 이 같은 간격이 발생하면, 처음부터 리더는 허풍쟁이라는 오명을 안을 수 있게 된다. 때문에 리더의 자리에 있는 사람들은 떠벌리는 식으로 과도한 목표를 천명함으로써 구성원들의 인기를 독차지하겠다는 욕심을 버려야 할 것이다.

이는 특정 분야에서 큰 성과를 거둔 사람이 자신이 익숙하지 않은 분야에 진출할 때 흔히 일어나는 현상이다. 한 분야에서 어느 정도 성과를 거둔 사람이라면 자신도 모르는 사이에 세상 일을 만만하게 볼 가능성이 있다. 주위 사람들의 기대도 크게 마련이고, 자신이 지금까지 다른 분야에서 만들어낸 기록이 가져다주는 자만심에 빠지기 쉽다. 때문에 일정한 시간을 두고 행동으로 자신을 보여주기보다는, 누가 보아도 지나친 의욕을 담은 대담한 목표를 섣불리 제시하는 경우가 많다. 다행히 자신이 정한 시간 안에 목표를 달성한다면 문제가 되지 않겠지만 그렇지 못한 경우에는 낭패를 겪게 된다.

새로운 상황에 몸담는 것은 완전히 새로운 기회에 도전하는 것과 마찬가지다. 따라서 행동으로 성과를 창출해내면서 의욕적인 약속을 해야 한다. 일단 '최선을 다해 일하겠습니다. 그리고 최고의 성과를 여러분들에게 돌려 드리도록 노력하겠습니다. 여러분들의 헌신적인 협조와 동참이 필요합니다'라는 정도면 충분하다. 굳이 수치로 된 약속을 하지 않더라도 사람들은 기대감을 갖고 지켜본다.

하지만 반드시 지켜보는 시간을 가져야 한다. 얼마를 언제까지 만들어내겠다는 약속은 스스로의 행동을 구속하게 마련이다. 또한 리더에 대한 구성원들의 신뢰를 추락시키는 데 일조하기도 한다.

결코, 말로 떠벌리는 리더라는 인상을 사람들에게 심어주어서는 안 된다. 일하는 리더 혹은 행동하는 리더의 이미지를 구성원들에게 강하게 심어주어야 한다. 이 글을 읽는 사람들 가운데 리더의 위치에 있는 사람이라면 자신이 이끄는 사람들에게 자신이 어떤 이미지를 가진 인물로 자리 매김하고 있는지 물어보라. 그리고 한 집안의 가장이라면 자식들에게 어떤 이미지로 자리 매김하고 있는지 물어볼 수 있다.

현장을 누비는 리더가 돼라

새로 부임한 사장의 경우 자신의 집무실에서 파워포인트를 넘기면서 직원들의 보고를 받는 것이 일반적인 모습이다. 그런 관행에서 벗어나 현장을 누비는 리더가 된다면 훨씬 빨리 업무를 파악할 수 있을 뿐만 아니라 더 큰 성과물을 얻을 수 있을 것이다.

보고서는 혼자서 집중적으로 읽으면 된다. 굳이 보고를 받지 않더라도 리더라면 충분히 보고서 내용을 이해할 수 있을 정도의 지식과 역량을 갖추고 있을 것이다. 조직이 가진 문제의 핵심을 단시간 내에 파악하고, 조직의 분위기를 파악하고, 사람들에게 격려와 칭찬으로 앞을 향해 나아갈 수 있게 하려면 현장을 수시로 찾아야 한다.

필자와 친분이 있던 한 사장이 새로운 회사에 영입되었다. 전임 사장이 늘 그래 왔듯이 실무자들은 컬러 프린터로 준비한 두꺼운 분량의 자료를 잔뜩 갖고 와서 보고할 준비를 하였다. 그러나 그는 전혀 다른 방법을 선택했다. 보고를 받는 대신 현장 순시를 하기로 결정한 것이다. 현장으로 출발하기 전에 자료를 완전히 소화한 뒤 현장 이곳저곳을 돌아다니면서 즉흥적인 질문을 던지고 관계자들과 얼굴을 익히고 격려하는 일에 시간을 배분하였다. 그는 리더십이란 회의실에 앉아 두꺼운 보고서를 읽는 데서 나오는 것이 아니라 사실을 오랜 경험을 통해 잘 알고 있었기 때문이다.

리더가 현장 곳곳을 누비면서 행동하는 것이 얼마나 중요한가를 입증하였던 인물 가운데, 윈스턴 처칠을 들 수 있다. 그는 엄청난 업무량과 분주한 일과에도 불구하고 자신이 반드시 가야 할 곳이 어디인지 그리고 어떻게 사람들을 효과적으로 이끌어갈 수 있는지를 정확하게 알고 있었던 인물이다.

1944년 2차 세계대전 당시 전선을 방문한 처칠을 두고 영국의 알렉산더 장군은 "우리의 백 미터 앞에서는 탱크들이 기관총을 쏘고 있었고 여기저기서 포탄이 터지고 지뢰가 폭발했다. 그러나 처칠은 그런 장면을 무서워하기는커녕 오히려 좋아했다. 처칠은 그야말로 전사였다"고 회고하였다.

필자는 여기서 전사라는 단어 대신에 행동가로 대신하고 싶다. 처칠은 벙커에 몸을 숨기고 보고서를 통해서 전황을 파악하지 않았다. 위험을 무릅쓰고 직접 옥상에 올라가기도 하고, 피격의 위험을 무릅쓰고 폐허가 된 런던 시내에서 망연자실한 시민들을 만났다. 뿐만 아니라 그의 일거수일투족이 적의 정보망에 노출될 수 있는 위험을 무릅쓰고 반드시 그가 찾아가야 할 전선을 시찰하였다. 처칠은 리더가 행동으로 보여줄 때 얼마나 커다란 영향력을 발휘할 수 있는가를 정확히 알고 있었던 인물이었다.

처칠이 초급 장교로 임관하여 인도와 아프리카에서 전투를 치를 때에는 항상 최전방에서 용감하게 싸웠다. 다다넬스 패전 이후 장관 자리에서 밀려난 뒤에도 적의 포탄이 빗발치는 최전방 참호에서 병사들과 함께 싸웠다. 2차 세계대전 중에는 독일군이 런던을 집중적으로 폭격했지만, 처칠은 안전한 지하 벙커에서 보고서나 읽기보다는 옥상에 올라가 전황을 살피는 대담성을 보여줘 국민의 사기를 드높였다. 또한 영국의 하늘과 바다가 나치에 의해 24시간 감시를 당하고 있었지만 영국 전역은 물론 유럽 국가들과 중동, 아프리카를 넘나들며 전장을 둘러보고 전황을 직접 두 눈으로 확인했다. 그가 전쟁 초기 3년간 비행기와 배를 타고 돌아다닌 거리만도 17만 6,000킬로미터가 넘는다.

처칠이 타고 있는 비행기는 독일 공군 화력의 목표물이 되어 언제라도 격추당할 위험에 노출되어 있었다. 그러나 그는 전혀 위축됨이 없이 전쟁 기간 내내 비행기를 타고 해외 출장을 감행하는 용기를 보였다.

처칠은 아프리카나 유럽 전장에 불쑥 나타나 전황을 살피곤 했다. 수상이 전장에 나타나면 병사들의 사기를 드높이는 효과도 있었지만, 현지 사정을 파악해야 런던에서 적절한 작전을 세울 수 있기 때문이었다.

처칠은 전투가 치열한 최전방에서 요란한 총소리를 들으면 막사 식당에서 병사들과 함께 식사를 했다고 한다. 당시 스탈린이나 히틀러는 물론 루스벨트와 같은 지도자도 최전선까지 방문해 병사들을 격려하지는 않았다. 히틀러는 아주 드물게 전선을 시찰할 때면 장군들과 친위대가 첩첩이 둘러싸도록 해서, 이를 바라보는 병사들에게 위압적인 시각 효과를 연출했다. 그와는 반대로 처칠은 서류 보고에만 만족하지 않고 직접 전황을 살폈으며 전쟁 중에는 자주 하원에 출석

하여 연설을 하고, 행정부와 의회가 충분한 의사 교환을 하도록 애썼다. 공식 행사가 없는 날에도 의회 휴게실에 불쑥 나타나 혼자 신문을 보거나 담배를 피웠다. 수상이 갑자기 나타나면 휴게실이 활기를 띠고 의원들과 자연스럽게 여러 문제를 활발하게 토론할 수 있다고 믿었기 때문이다. 현장의 목소리와 부하들의 직언을 들어야 한다는 사명감은 나이도 많고 결점도 많았던 처칠이 현장 감각과 젊은 감수성을 유지할 수 있는 좋은 기회가 되었다.

- 김형진, 《벼랑 끝에서 만나는 처칠》, pp. 191~194

오늘날 공동체를 이끄는 리더에게 최일선의 전쟁터는 부가가치를 창출하는 공장이나 연구소가 될 것이다. 대덕단지의 주요 연구기관들을 방문해보면, 연구원들 중 오랫동안 근무하였던 이들 가운데, 현장을 찾아와 연구원들을 격려하였던 리더에 대한 추억을 회상하는 이들이 많다. 그들은 그런 방문을 연구 개발에 대한 관심과 애정으로 기억하고 있다. 그런데 근래에는 이 부분에 있어 모범이 될 만한 리더를 찾기 어렵다고 섭섭해 한다.

물론 분주한 리더가 일일이 모든 곳을 방문할 수는 없다. 그럼에도 불구하고 행동하는 리더라면 어디가 중요한 장소인지, 그리고 어디를 가야 할지 우선순위를 매길 수 있어야 하고, 이에 따라 적극적으로 행동할 수 있어야 한다. 이것이 공동체를 이끄는 리더에게만 해당하는 이야기겠는가? 수시로 영업 현장과 연구소를 돌면서 독려를 아끼지 않는 행동하는 모습은 기업의 리더에게도 매우 중요하다.

02
솔선수범은 리더가
지불해야 할 비용이다

종합전기전자 부품업체인 L사에 12년째 근무해온 K차장과 우연한 기회에 대화를 나눈 적이 있었다. 필자는 K차장에게 "2002년을 전후해서 매년 매출액이 20~ 30%대로 성장할 수 있었던 비결이 무엇인가요?"라고 물었다.

1970년을 전후해서 창업된 L사는 30여 년 동안 여러 사장이 거쳐 갔고 이 과정에서 꾸준한 성장을 거듭하였지만 3,000억 원대의 매출을 기록하는 데 머물고 있었다. 성장세가 정체를 벗어나지 못한 그 회사가 2002년 이후 고속성장을 거듭하더니 마침내 2005년에 1조 원대로 진입하게 되었는데, 그 배경이 궁금했던 것이다. K차장은, 2002년 1월에 부품사업본부장으로 취임한 뒤 2002년 3월에 대표이사로 취임한 H사장에게 그 공을 돌렸다.

모셨던 사장님들마다 그런 자리에 오를 수 있는 나름의 장기를 다 갖고 계셨습니다. 그런데 2002년에 회사를 맡게 된 H사장님은 엔지니어 출신입니다. 제가 그분을 모시면서 가장 크게 감명을 받았던 부분은 회사의 임직원들을 어떻게 움직이는가라는 점입니다. 사장님이 지방 공장에 머물 경우 아무래도 심리적 간격이란 것이 있습니다. 현장 직원들은 "사장님은 우리와 다른 분이다"라는 그런 생각을 합니다. 그런데 H사장님은 현장에 내려오시면 현장 직원들과 똑같은 작업복을 입고 항상 현장을 돌아다니십니다. 그리고 현장 직원들에게 늘 질문을 던지십니다. "어제보다 오늘 나아진 점이 무엇인가?", "우리가 경쟁사보다 차별화할 수 있는 포인트가 무엇인가?" 이런 질문들을 받게 되면 자연히 현장 직원들은 스스로 대접받고 있다는 생각을 하게 되어 더 열심히 자신의 일에 몰입하게 됩니다. 이 과정에서 예상하지 못하였던 혁신 활동의 성과들이 속속 드러나게 된 것이지요.

그런데 그냥 오셔서 잠시 머물다가 사장님이 돌아가시는 것이 아니라 일 년 가운데 거의 절반 동안을 현장의 한 곳에 숙소를 정하신 다음 진두지휘를 하셨습니다. 처음에는 조금 하다가 그만두겠지라고 생각하던 사람들도 한 달 두 달 지나면서 마음을 다르게 먹게 되었습니다. '저분은 진짜 다르구나' 라는 생각을 갖게 된 것이지요.

완전히 직원들의 마음을 사로잡았다고나 할까요? 그래서 저는 전임 사장님과 H사장님과의 뚜렷한 차이는 한마디로 솔선수범이라고 말하고 싶습니다. 리더가 스스로 행동하면서 진두지휘하면 부하 직원들의 마음은 당연히 움직이게 됩니다.

완제품이 아니라 부품을 팔아서 1조 원대 회사를 만들어내기는 정말 어려운 일이다. 그런데 2005년에 1조 원을 돌파한 L사는 2007년까지 전자부품 소재만으로 2조 원대의 매출을 달성하겠다는 포부로 전진하고 있다. 이 회사가 바로 LG그룹의 핵심 회사 가운데 하나인 LG이노텍이다. 이 회사를 진두지휘하고 있는 인물은 허영호 사장이다. 리더의 역량이 어떻게 조직을 바꿀 수 있는가를 보여주는 생생한 사례라 하겠다.

솔선수범하는 리더의 모습은 부하 직원들로 하여금 더욱 분발하게 만들고 더 큰 성과를 가져다준다. 그런데 허 사장은 자신의 리더십에 대해서 어떤 생각을 갖고 있을까? 그는 한 인터뷰에서 이런 에피소드를 공개하였다.

2001년 3월 전남 광주의 부품사업본부장에 취임했더니 주요 생산 품목인 튜너의 불량률이 2.6%나 되더군요. 연말까지 불량률을 10분의 1 이하로 줄이라고 했습니다. 공장 근로자들은 물론 간부들까지 20년이 지난 구식 설비로는 도저히 불가능하다고 반발하더군요. 그렇지만 7개월 만에 목표를 관철시켰습니다.

문제 해결의 포인트를 제시하면서 직원들을 독려한 것이 주요했던 거지요. 최근 블루오션 전략으로 유명세를 타고 있는 김위찬 교수의 표현을 빌리자면 '핫 스폿(hot spot)', 즉 문제의 급소를 찾아내는 일이 급선무였습니다. 현장에 살다시피 하면서 뭐가 문제인지를 고민했습니다. 기판 위에 회로를 장착시키는 칩 마운트 흡착 과정이 '핫 스폿'이라는 사실을 발견할 수 있었지요. 지성이면 감천이라고 했던가,

마침내 직원들의 마음이 움직이기 시작하였습니다. 한마음으로 칩 마운트 흡착 방법을 개선하는 방안을 모색하기 시작하였습니다. 결국 그해 연말까지 제시하였던 목표치를 달성한 것은 물론 2003년 3월엔 불량률을 0.05%까지 낮추는 기적 같은 일을 해내게 되었습니다.

– 《문화일보》, 2006. 1. 17.

희생하는 마음을 가져야 한다

리더십은 함께 일하는 사람들의 마음을 움직일 수 있을 때 발휘될 수 있다. 사람의 마음을 움직이는 방법은 여러 가지가 있을 수 있지만 이를 관통하는 원칙은 한 가지다. 리더가 먼저 행동해야 하고, 더 헌신해야 하고, 더 희생할 수 있어야 한다는 것이다. 자신이 먼저 그렇게 행동하는 것을 당연하게 여기지 않으면 다른 사람의 마음을 움직이기는 힘들다.

흔히 이야기하는, 가진 자의 책무를 생각해보면 된다. 더 많이 가지고, 더 큰 영향력을 행사할 수 있고, 더 높은 지위에 오르게 된다면 그에 걸맞은 비용을 지불하는 것을 당연하게 여겨야 한다. 그런 마음가짐을 가지지 않은 사람은 리더의 자리에 서서는 안 된다.

기꺼이 희생하는 마음을 갖지 않으면 군림이란 모습으로 자신을 드러내게 될 것이다. 즉 자리가 제공하는 것을 즐기려 하거나 아니면 이를 이용해서 사람들에게 영향력을 행사하려고 할 것이다. 이런 마음가짐을 가진 사람이 리더의 자리에 앉게 되면 조직의 성과는 당연히 낮아질 것이다. 리더의 솔선수범이 없다면 조직 구성원들의 마음은 움직이지 않기 때문이다. 그럴 경우 분발이란 생겨나지 않는다. 현상 유지 내지 정체 상태를 벗어나지 못하는 조직이 있다면 리더는 아랫사람들을 압박할 것이 아니라 스스로를 점검해보아야 한다.

시오노 나나미는 자신의 저서 《로마인 이야기》에서 로마의 국운이 한창 뻗어나갈 때 로마의 리더들 가운데 무능력한 사람은 찾아보기 힘들었다고 말한다. 대다수의 리더들이 오랜 기간 동안의 군복무를 통해서 단련되었기 때문이라고 설명을 덧붙인다. 평화 시의 군이 아니라 전시의 군에서는 부하 직원들의 성과가 곧바로 드러나기 때문에, 아마도 당시 리더들은 구성원들의 마음을 사야 하는 필연적인 문제에 부딪혔을 것이다. 그리고 이런 문제를 해결해나가기 위해서는 자신이 먼저 앞서 나가는 것처럼 중요한 것이 없다는 사실을 경험적으로 깨달았을 것이다.

리더라는 자리에 걸맞은 비용을 지불해야 한다

나라의 지도자로부터 시작해서 가정의 가장에 이르기까지, 스스로 모범은 보이지 않고 이렇게 해라, 저렇게 해라는 지시 조의 명령으로 사람들의 마음을 사기는 어렵다.

소규모 조직에서는 리더의 솔선수범이 금세 드러난다. 그러나 큰 조직의 경우는 리더의 일거수일투족을 확인할 수 없기 때문에 리더는 일정 기간 동안 솔선수범하는 모습을 조작할 수도 있다. 하지만 대다수 사람들은 리더의 행동이나 말을 통해서 그가 솔선수범하는 리더인지 아니면 솔선수범하는 것처럼 포장하고 있는 리더인지 인지하게 된다. 그래서 다수의 사람들을 오랫동안 속이는 일은 불가능하다.

솔선수범은 자신에게 주어지거나 스스로 맡은 직분을 기꺼이 받아들일 수 있을 때 생겨난다. 누가 부탁하거나 강요한다고 해서 생겨나는 것은 아니다. 때문에 솔선수범은 전적으로 리더 자신의 선택된 행동이라고 할 수 있다.

그리고 솔선수범은 스스로 리더라는 자리에 걸맞은 비용을 지불하는 것을 당연히 여길 수 있느냐에 큰 영향을 받는다. 리더는 자신을 따르는 사람들에 비해서 더 높은 자리를 점하게 되므로, 자리가 주는 여러 가지 편익이나 개인적인 영광을 맛보게 된다. 그렇다면 기꺼이 이것에 상응하는 비용을 지불할 수 있어야 한다. 하지만 인간이란 이처럼 행동하기가 쉽지는 않다. 좋은 것은 좋은 것대로 누리고, 지불해야 하는 것이 있다면 가급적 지불하지 않으려는 성향을 갖고 있기 때문이다. 좋은 것을 누리는 것처럼 비용을 지불하는 것을 당연하게 여길 때 솔선수범이 생겨날 수 있다.

03
자리를 이용해 이익을
취해서는 안 된다

기원전 4세기, 로마 공화정 초기에 이미 '레스 푸블리카(res publica)'라는 단어, 즉 공공 이익이란 단어가 등장하였다. 그러나 한국과 중국을 비롯한 동양권에서 공공 이익이란 단어가 등장한 것은 20세기 근대국가가 형성되고 난 뒤다. 시민 대신 왕의 백성인 신민(臣民)만이 존재하는 사회에서 공적인 것과 사적인 것의 구분은 무의미했다. 모두가 왕의 백성이었으므로 이 같은 구분을 행하는 사람들이 거의 존재하지 않았다고 해도 과언이 아니다. 그렇기 때문에 관직을 맡은 사람들은 거리낌 없이 양민들을 수탈했을 것이다. 애당초 그들의 머릿속에 공적인 것과 사적인 것의 구분이 없었기 때문이다.

이런 점에서 볼 때, 일찍이 시민이 사유재산권을 소유할 수 있었던 서양 문명과 그렇지 못했던 동양 문명 사이에 커다란 간격이 존재하는 것은 당연한 것인지도 모른다.

조선조의 개혁을 외쳤던 다산 정약용과 같은 당대의 선각자조차 왕정이란 기존 질서 내에서의 개혁을 주장했을 뿐 시민사회라는 곳까지 사고의 지평을 확장하지는 못했다. 이를 두고 복거일 씨는 자신의 자전적 소설 《보이지 않는 손》에서 이런 이야기를 들려준다.

실은 다산은 조선조의 계급체제를 적극적으로 옹호한 사람이야. 다산이 가장 큰 병폐로 지목한 것은 지방 관아의 향리들이었어. 수령은 임기가 짧고 향리들은 붙박이들이라 문제가 생긴다는 얘기지. 수령이 잘하려 해도 향리들이 그를 꼬드기고 속여서 일을 그르친다, 나중에 잘못이 드러나면 수령이 모든 책임을 뒤집어쓴다, 그래서 수령은 억울하다, 향리의 폐해를 다스리는 것이 사회 개혁의 근본이다, 이런 얘기를 했거든. 바로 거기서 다산의 한계가 드러나는 거라. 그에겐 계급사회의 이념과 질서는 자연스러운 것이었어. 그래서 수령인 자신은 당연히 백성들을 다스리고, 향리들은 그의 지시를 받아서 충실히 공무를 집행하고, 평민들은 열심히 일해서 지배 계급을 부양하고, 노비들은 노비들답게 육신으로 봉사하고, 때로 재주가 있는 기생이 나오면, 양반들의 술자리에서 시를 지어 그들을 즐겁게 하고, 그들에게서 '해어화'라는 칭찬을 들으면, 기생에겐 큰 영광이고, 그 기생에게서 나온 아이들은 당연히 기생이 되어 그 직분을 이어받고, 그게 다산에겐 하늘이 만든 질서였어. 그런 인식을 지닌 사람은 훌륭한 테크노크래트는 될 수 있지. 그러나 개념적 돌파를 이루는 지식인이 될 수 있을까?

― 복거일, 《보이지 않는 손》, p. 99.

다산의 대표작 《목민심서》의 '목(牧)' 자가 가축을 키우고 돌본다는 뜻을 포함하고 있는 것만으로도, 당시의 지식인이나 지배계층이 어떻게 백성들을 대하였는가를 짐작하고도 남음이 있다.

1894년 겨울과 1897년 봄 사이 네 차례에 걸쳐 한국을 답사하였던 영국의 이사벨라 버드 비숍이 남긴 조선 기행기에는 한국인의 게으름과 수탈 사이의 관계를 이렇게 묘사하고 있다.

> 그들(한국 남자들)은 게을러 보인다. 나는 정말로 그렇다고 생각했다. 그러나 그것은 한국인들이 자기 노동으로 획득한 재산이 전혀 보호되지 못하는 체제 아래에 살고 있기 때문이다. 이를테면 만일 어떤 사람이 '돈을 번' 것으로 알려지거나, 심지어 사치품인 놋쇠 식기를 샀다고 알려지기만 해도, 근처의 탐욕스러운 관리나 그의 앞잡이로부터 주의를 받게 되거나, 부근의 양반으로부터 대부를 갚도록 독촉당하는 식이었다. 그럼에도 불구하고, 한강 유역의 자작 농가들은 실질적인 안락함을 누리고 있는 것 같았다.
>
> 이곳(시베리아)에서 한국인들은 번창하는 부농이 되었고 근면하고 훌륭한 행실을 하고 우수한 성품을 가진 사람들로 변해갔다. 이들 역시 한국에 있었으면 똑같이 근면하지 않고 절약하지 않았을 것이라는 점을 명심해야 했다. 이들은 대부분 기근으로부터 도망쳐 나온 배고픈 난민들에 불과했다. 이들의 번영과 보편적인 행동은 한국에 남아 있는 민중들이 정직한 정부 밑에서 그들의 생계를 보호받을 수만 있다면 천천히 진정한 의미의 '시민'으로 발전할 수 있을 것이라는 믿음을 나에게 주었다.
>
> – 이사벨라 버드 비숍, 《한국과 그 이웃 나라들》, p. 101, 277.

이제까지 이야기한 것들은 벌써 흘러가버린 역사적인 유물들이다. 그러나 우리들의 의식 저변에는 험한 정치 여정을 통해서 얻은 관직을 전리품으로 생각하는 사람들이 있다. 그런 사람들은 봉사라는 단어 대신에 군림이라는 단어를 의식 속에 각인시킨다.

공과 사를 명확히 구분하라

관직이라는 자리가 만들어내는 권한을 이익 배분이란 차원에서 접근하는 사람들이 있다. 최고 권력자의 자리를 차지했던 인물 가운데 자신 혹은 친인척 비리에 연루되지 않은 사람들이 얼마나 되는가? 혹자는 수천억 원의 비자금으로 감옥에 가기도 하고, 혹자는 알 만한 사람들은 다 알 정도의 치부에 성공하기도 하였다.

공적인 것과 사적인 것을 구분하지 못하는 사례는 비단 정치계에 국한된 일은 아니다. 부를 쌓는 데 성공한 사업가들도 부와 경영권 승계를 위해 공적인 것과 사적인 것을 구분하지 못하는 경우가 자주 발생한다.

회사가 상장하면 그 순간부터 지배 주주 개인의 회사가 아니라 공적인 성격을 지니게 된다. 따라서 의사 결정은 주주 이익 극대화 원칙에 따라 공명정대하게 이루어져야 한다. 그러나 친인척이 설립한 특정 업체에 거래를 몰아주고 이를 통해 막대한 차익을 얻고자 하는 시도가 빈번히 발생되면서 사회문제가 될 때가 많다.

공적인 것과 사적인 것을 구분하는 일은 사회적인 분위기와도 무관하지 않다. 하지만 보다 근본적으로는 개인의 도덕률과 깊은 관련이 있다. 따라서 리더 스스로 엄격하게 자신을 제어하지 않는다면 공과 사를 구분하지 못하는 위험에 빠질 수 있다.

자신이 맡은 직분을 타인의 동의에 의해서 자신에게 한시적으로 주어진 자리라고 받아들인다면 자리를 이용해서 이익을 취득하는 행위는 훨씬 줄어들 것이다.

04

추진력이 성과를 창출한다

기업처럼 수직관계가 명확한 곳에서는, 리더는 자신의 판단에 따라 명확한 지시와 명령을 내려 조직을 움직일 수 있다. 그러나 구성원들의 다양한 이해관계가 교차하고, 자신의 이해를 대변하는 단체들로 가득한 공동체에서는 리더가 자신의 의지대로 조직을 움직이기 어렵다. 그래서 이따금 리더의 행동이 일부 구성원들과 불협화음과 마찰을 만들어내기도 한다.

정면 돌파를 피해서는 안 된다

사람들은 대개 전체를 두루 살펴보고 자신의 이익을 전체 속에서 파악하기보다는 자신의 이익을 앞세우는 경향이 있다. 사적으로 만나서 이런저런 이야기를 나눌 때는 이성적이고 합리적인 사람이라 할지라도, 이익단체를 대표하는 경우는 오로지 단체의 이익만을 앞세우는 경우가 많다. 게다가 자신의 주장을 합리화할 수 있는 논리나 이를 뒷받침할 수 있는 증거가 설령 이치에 맞지 않다 할지라도 어떻게든지 이용하고자 한다.

따라서 합법적인 절차를 통해서 지시나 명령을 내릴 수 있는 위치에 있는 리더라 하더라도 웬만하면 정면충돌은 피하려고 한다. '좋은 것이 좋다', '모난 돌이 정 맞는다'는 표현이 이런 상황을 잘 묘사해준다.

그래서 오랫동안 공직에서 자신의 자리를 보전해온 사람들의 경우 대개 두루뭉술하게 넘어가기를 좋아한다. 또한 첨예하게 이해관계가 충돌하고 자칫 자신에게 불똥이 튈 수 있는 일은 아예 개입하지 않고 다음으로 미루어버리기 십상이다. 우리 사회는 이런 리더를 두고 무난한 사람 혹은 평판이 좋은 사람이라고 칭송하기도 한다.

그러나 충돌이 없고 무난하다고 해서, 해결해야 할 문제를 그냥 덮어두어서는 안 된다. 리더는 충돌과 갈등이 예상되더라도 '지금 이 순간에 반드시 해야 한다'는 판단이 서면 이를 적극적으로 추진해야 한다. 조정이 필요한 경우에는 각각의 이해단체가 합법적인 범주 내에서 공동체의 이익을 극대화하는 쪽으로 문제를 해결해나가야 한다.

우리는 이런 리더를 두고 추진력이 뛰어난 리더라고 부른다. 이해관계가 격렬하게 충돌하면 리더 역시 두려움을 느끼게 된다. 자신의 선택에 따라 어떤 상황이 발생할지 예상할 수 있기 때문이다. 그러나 추진력이 뛰어난 리더는 두려움을 넘어서서 자신의 의견을 관철해나가는 용기를 지니고 있다.

언제 무엇을 해야 할지 알고 있어야 한다

로널드 레이건이 미국 대통령으로 집권하던 1981년 8월 3일, 항공기 통제사 기구의 1만 7,500명 통제사 가운데 1만 3,000명이 일터에서 뛰쳐나갔다. 언론은 결코 레이건에게 우호적이지 않았다. 어느 나라 언론이든 마찬가지겠지만 진보 진영이 장악하고 있던 언론과 지식인 사회는 항공사 파업 사태를 부추기거나 즐기는 듯한 상황을 취하였다.

그 당시 레이건이 주재한 국무회의에서 수많은 논의들이 오갔다. 일부에서는 적절한 선에서 타협하는 것이 바람직하지 않겠느냐는 의견들이 나왔다. 그러나 레이건은 이미 자신이 무엇을 해야 하고, 언제 그것을 해야 할지 분명히 알고 있었다. 당시 그 자리에 참석했던 전 뉴욕 지사 루돌프 줄리아니는 다음과 같이 회고했다.

그 자리에서 수많은 논의가 오갔지만 대통령은 이미 무엇을 할 것인지 결정을 내리고 있었다. 갑자기 회의가 중단되는 듯하더니 대통령이 법무장관에게 물었다. "그들은 서약을 하지 않나요?" 빌 스미가 대답했다. "대통령 각하, 무슨 뜻입니까?" 대통령이 재차 물었다. "공무원은 정부에 대항하는 파업을 하지 않는다는 맹세를 통제사들도 하지 않나요?" (…)

오전 11시에 레이건 대통령은 로즈 가든에서 기자회견을 열었다. 48시간 내에, 즉 수요일 오전 11시까지 돌아오지 않는 통제사들은 모두 해고하겠다고 발표했다.

"그들을 고용할 때 쓴 서약서를 읽겠습니다. '나는 미국 정부나 그 외 어떤 기관에 대항하는 파업에 참가하지 않겠습니다. 정부와 그 어떤 기관의 직원들이 파업을 할지언정 나는 하지 않겠습니다.'"

1955년 의회에서는 그런 식의 파업을 범죄로 규정했다. 그 법은 1971년 대법원에서 확정되었다. 그럼에도 불구하고 연방기구 종사자들은 내내 파업을 일삼아왔으며, 근자에 일어난 파업은 우편 업무 종사자들과 국회 도서관 직원들, 그리고 정부 간행물 출판사 직원들이었다. 항공기 통제사들도 1970년에 '병가(病暇)' 파업을 했다. 하지만 여기 위대한 커뮤니케이터가 있어 그가 통제사들이 사인한 서약서를 읽고 있는 것이다. 그것은 실로 대단한 일격이었다. 레이건 대통령은 훌륭한 변론자였다. 그와 으르렁거리며 앙숙으로 지냈던 모든 언론들이 그에게 승복하고 말았다. 졸지에 통제사들은 조국을 배신한 배신자처럼 되어버렸다. 그들이 서약을 위반했다고 모두들 수군거렸다.

– 루돌프 줄리아니, 《줄리아니의 리더십》, pp. 241~242.

물론 대통령이 시간까지 언급할 필요가 있을까라는 의견이 많았다. 대통령이 대량 해고라는 결단을 내리지 못함으로써 오히려 상황을 악화시킬 수 있다는 의견을 주장하는 사람들도 있었다. 그런 사람들은 대통령에게 노동조합과의 향후 관계를 고려해서 경고나 위협을 주는 것만으로 충분하다고 말하기도 했다.

리더는 이처럼 절대절명의 벼랑 끝에 내몰릴 때가 있다. 이러지도 못하고 저러지도 못하는 그런 상황, 즉 모두가 책임을 리더 한 사람에게 내맡기는 그런 형국이다. 그러나 레이건은 "지금 확실히 해두지 않으며 다음에 무슨 말을 해도 신용을 얻을 수 없다"는 지극히 간단한 답변을 했다. 그는 결단을 내리고, 그런 결단에 수반되게 마련인 두려움과 위험을 기꺼이 감수하고서도 행동하는 쪽을 선택하였다.

이런 상황을 극복해낼 때 비로소 리더는 성과를 거둘 수 있다. 리더의 추진력이란 결정적인 순간에 빛을 발하게 된다. 따라서 다소의 혼란이나 혼돈 그리고 어려움이 있더라도 문제 해결을 위해 정면돌파란 기록을 얼마나 세웠는가가 리더의 선택 기준이 되어야 할 것이다. 그가 무난한 사람이기 때문에 리더로서 적합하다는 표현은 더 이상 나와서는 안 된다. 최소한 리더에 관한 한 '무난한 사람이다'는 평은 '무능한 사람이다'는 말과 동의어로 받아들여야 한다.

05
희망과 낙관을 제시하라

리더는 희망과 낙관을 판매하는 사람이다. 사람들은 현실의 성과로만 살아가는 것이 아니라 미래의 기대를 안고 살아간다. 아주 어려운 상황에 처한 사람이라 할지라도 희망과 낙관, 그리고 기다려야 할 미래가 있다면 현재의 불편함과 어려움을 기꺼이 견뎌낼 수 있다. 우리는 이미 지난 1960년대 이후 경제 성장을 해오면서 이러한 사실을 깊이 체험한 바 있다.

오늘날 우리가 누리고 있는 물질적인 풍요와 정치적인 자유는 이 시대를 앞서 살아왔던 수많은 사람들의 눈물과 땀이 어린 전리품이다. 그들은 상상할 수 없을 정도의 고난 속에서도 미래에 대한 희망을 가질 수 있었기 때문에 살아갈 수 있었다.

물론 미래에 대한 희망은 개개인이 만들어내는 것이지만, 개인 역시 사회적인 존재임을 고려하면, 한 사회의 전반적인 분위기와 그 사회를 이끌어가는 리더들이 제시한 희망과 미래에 대한 기대가 있었기 때문에 더욱 힘을 받았을 것이다.

구성원 개개인의 사기를 북돋워야 한다

몇 해 전 한 기업의 광고가 오늘을 사는 많은 한국인의 심금을 울린 적이 있다.

> 60년대의 황무지에서 맨손으로 일어나, 70년대 바람 부는 언덕을 허이허이 올라, 80년대의 벼랑 끝에 외줄타기로 돌아, 어느덧 90년대를 사는 이 땅의 아버지, 썩 자랑스러울 것도 없다지만, 보릿고개, 판자촌, 황톳길을 건너 이제 그렇게 부끄러운 것도 없이 이 땅의 오늘을 만들어 낸 아버지.
>
> – 공병호, 《한국경제의 권력이동》, p. 20.

그런 험한 시절 속에서도 우리 한국인들은 희망과 낙관을 가질 수 있었다. 어느 시대나 비슷한 상황이 있게 마련이다. 로널드 레이건이 집권하기 이전의 미국 역시 암울함 그 자체였다. 사람들은 현상 유지 그 이상을 바라지 않았다. 다들 미국이 과거의 번성을 되찾는 일은 불가능하다고 믿었다. 믿음은 직면한 현실이나 사실과 관계없이 사람들로 하여금 자신의 의지대로 행동하도록 만든다.

지미 카터 대통령 시절에는 전반적으로 침체 분위기가 팽배했다. 희망을 잃은 채 현 위치에서 더 이상 나빠지지 않도록 최선을 다하기만 바랐다. 그러다가 로널드 레이건이 대통령에 오르면서 갑자기 사람들은 뭔가 할 수 있다는 자신감을 얻기 시작했다. 구소련은 과거처럼 전횡을 휘두를 수 없었고, 의사는 명백하게 전달되었으며, 각 연방들은 책임 있는 행동을 요구받았다. 더불어 개인이 연방 정부보다 돈에 대해 더 현명하게 결정내릴 수 있다는 생각하에 세금은 감면되었다. 사람들은 지도자에게 막중한 책임을 부여했다. 레이건은 이러한 분위기 속에서 나라를 통치했다는 의미가 아니라 각자 국민들의 사기를 복돋워줄 방법을 모색했다는 뜻이다. 그것이 바로 그들이 일궈낸 업적이었다.

– 루돌프 줄리아니, 《줄리아니의 리더십》, p. 155.

인간의 능력은 대단히 가변적이다. 하기에 따라서 얼마든지 차이를 만들어낼 수 있다. 개인에 대한 관찰만으로도, 자신에 대한 자신감과 자긍심을 가진 사람들이 얼마나 커다란 업적을 남길 수 있는지 충분히 예상할 수 있다. 따라서 저마다 개개인의 역량을 극대화할 수 있는 사회와 그렇지 않은 사회는 엄청난 차이가 발생하게 마련이다.

정치 리더는 사회 구성원 개개인에게 열심히 살아가야 할 이유를 제시하고, 사기를 복돋워줄 수 있으므로 이들의 책무는 중차대하다. 따라서 우리는 정치 리더를 선택하는 문제에 대해 깊은 관심을 가져야 한다. 정치 리더는 중·장기적으로 정책 선택을 통해서 영향을 미치기도 하지만, 단기적으로는 구성원 개개인의 의욕, 의지, 열의에 영향을 미친다.

'할 수 있다'는 자긍심을 전파하라

한 사회의 구성원들로 하여금 '할 수 있다', '하면 된다'는 자긍심을 전파하려면 리더 스스로가 자신의 삶에 대해 그렇게 행동할 수 있어야 한다. 희망과 낙관이란 마음을 크게 먹고 행하는 일회성 선택이 아니라 한 인간의 삶을 통해 배어나오는 것이다.

어떤 난관이라도 극복해내겠다는 의지를 가진 리더를 만나면 사람들은 그를 통해 큰 용기와 위안을 얻는다. 그런 심적 상태는 마치 들불이 번져가는 것처럼 주위로 퍼져나가게 된다. 이런 과정을 통해서 한 사회는 미래를 향해서 적극적으로 나아가는 진취적인 모습을 보인다. 사람들의 행동과 사고에는 머무름이 지배하는 것이 아니라 나아감이 지배한다. 이런 사회는 개개인의 에너지가 폭발하듯이 터져나오면서 기대했던 것보다 훨씬 더 큰 성과가 나오게 된다.

어떤 조직의 리더를 만날 때, 필자는 나름대로 몇 가지 근거를 가지고 그 사람을 판단한다. 이 가운데 하나가, 그가 꺼내는 대화의 주요 목록이 과거와 회고인가 아니면 미래와 나아감인가라는 점이다. 리더는 자신도 모르는 사이에 한쪽의 편향을 보인다. 과거와 회고가 지배하는 리더에게서 치열하게 개척해나가는 씩씩함을 기대하기는 힘들다. 또한 무(無)에서 가치 있는 것을 창조해내려는 의지와 열의를 찾아내기도 힘들다.

따라서 리더의 내면세계를 잘 살피는 것은 리더 선택시 매우 중요한 포인트라 하겠다. 어느 조직이든, 만들어갈 수 있다는 사실을 온 몸으로 받아들이고 이를 적극적으로 실천해온 리더를 만나는 것은 엄청난 행운이라 할 수 있다.

평소에 알고 지내는 찰스 윙클러 할아버지와 대화를 나누던 중에 케네디 재임 시절 이야기가 나왔다. 그는 공화당을 지지하는 보수주의적인 믿음을 가진 사람이지만, 그 당시를 회고하면 '참으로 즐거웠다'고 말한다. 그 이유는 바로, 리더가 국민들에게 어떻게 비춰졌는가와 연결된다. 케네디는 '프론티어 정신'을 기치로 내걸고 씩씩하게 미래를 향해 달려가는 인물이었다. 그는 꿈과 희망 그리고 용기를 국민 개개인에게 불어넣는 데 성공하였다. 그것이 바로 오늘날까지 많은 미국인들이 케네디를 잊지 못하는 이유 중의 하나일 것이다.

세월이 바뀌면 지도자상도 바뀐다

근래에 우리들이 경험한 몇몇 정치 리더의 재임 기간을 떠올려보자. 희망, 낙관, 미래보다는 과거가 훨씬 큰 비중을 차지했다. 그들은 리더로서의 역할을 제대로 해내지 못했을 뿐만 아니라 오히려 걸림돌이 되기도 했다. 한국 사회에 역동성을 부여할 수 있는 방향으로 그들의 지도력이 향했다면, 한국이 가진 가능성으로 미루어볼 때 지금보다 훨씬 더 높은 성장과 선진 국가의 건설을 앞당길 수 있었을 것이다.

이따금 저녁 뉴스에 나오는 리더들의 모습을 볼 때마다, '왜, 저렇게 근엄하고 투쟁일변도의 이미지를 가진 인물들로 가득 차 있을까?'라는 생각을 하게 된다. 물론 리더의 자리에 오르기까지의 과정이 평탄하지는 않았을 것이다. 이에 따라 그들의 외모나 인상, 언행에 삶의 흔적이 역력히 드러나게 마련이다. 그러나 세월이 바뀌면 지도자상도 바뀌어야 한다. 따라서 리더는 시대의 변화에 맞추어서 자신을 바꾸어가는 노력을 게을리 해선 안 된다.

다니엘 핑크의 저서, 《새로운 미래가 온다》라는 책에는 미래의 인재가 갖추어야 할 6가지의 조건을 제시하고 있는데, 이 가운데 지나친 진지함에 대한 경계라는 대목이 있다.

> 진지한 것만으로는 안 된다. 놀이도 필요하다. 웃음, 명랑한 마음, 게임, 유머가 건강 면에서나 성공 면에서 커다란 도움이 된다는 사실을 입증해주는 증거들은 많다. 물론 진지해져야 하는 때도 분명 존재한다. 하지만 지나친 진지함은 사회생활에도 악영향을 미칠 뿐 아니라 개인적인 풍요로운 삶도 망치고 만다.
>
> — 다니엘 핑크, 《새로운 미래가 온다》, p. 91.

여기서 '지나친 진지함'이란 대목에 주목할 필요가 있다. 사람이란 이성이나 논리에 앞서 일단 감성이 작동하게 마련이므로 잔뜩 찌푸리고 지나치게 근엄한 모습은 오히려 사람들에게 부담감을 안겨준다. 외모, 언행, 태도 그 모든 것에서 씩씩함을 전달할 수 있는 상큼한 리더가 필요한 시대이다.

06
구성원의 이야기를 경청하라

난관에 부딪힌 문제를 해결하기 위해 여야를 책임지고 있는 정치인들이 만든 회합이 불발로 끝났다는 기사를 볼 때마다, 경청의 태도 혹은 기술이 머릿속에 떠오른다. 어렵게 주선된 자리에서 여야의 대표자들이 나누는 대화 속에는, 상대방의 입장을 진심으로 고려하려는 진지한 의도와 행동을 찾아낼 수 없는 경우가 많다. 대부분 이미 결정된 자신의 의사를 성급하게 상대방에게 개진하고 예상하였던 대로 서로의 입장 차이를 다시 한번 확인하는 선에서 모임이 마무리된다.

이처럼 서로 상대방의 입장을 이해하려고 노력하지 않을 바에야 그냥 일방적으로 통보하고 마는 것이 좋지 않을까라는 생각이 들기도 한다.

공감적 커뮤니케이션 능력을 키워라

경청하는 방법을 배우고 경청을 자신의 귀한 습관으로 만드는 데 성공하는 이는 드물다. 리더들은 대부분 자신의 분야에서 두각을 나타낸 사람들이기 때문에 알게 모르게 자신의 우월적인 지위를 이용해서 상대방에게 명령하고 지시하는 데 익숙하다. 그렇기 때문에 스스로 대단한 노력을 기울이지 않는다면 경청의 습관을 갖기 힘들다.

더욱이 경청은, 상대방을 동등하게 대하고 상대방을 진정으로 이해하려는 마음가짐이 없이는 불가능한 일이므로, 경청은 기술적인 문제라기보다는 한 인간의 성품과도 깊은 관련이 있다. 한마디로 이야기하면 경청은 테크닉이 아닌 것이다.

저명한 심리학자 칼 로저슨은 "의사소통을 잘 못하는 사람은 효과적이고 능숙하게 상대방을 이해하면서 경청하는 일에 실패한 사람"이라고 정의한 바가 있다.

스티븐 코비는 《성공하는 사람들의 7가지 습관》이란 책에서 성공하는 인물의 다섯 번째 습관으로 '경청한 다음에 이해시켜라'를 들고 있다. 이를 두고 그는 '공감적 커뮤니케이션의 원칙'이란 용어를 사용한다.

높은 자리에 있는 리더가 부하 직원의 이야기를 경청할 경우 어떤 효과가 일어나게 될지를 예상하는 일은 그다지 어렵지 않다. 리더가 부하 직원이나 고객들의 이야기를 진정으로 이해하려고 노력하면, 그들에게 자신의 가치를 인정받고 있다는 생각을 심어줄 수 있다.

경청하지 못하는 사람은 십중팔구 공감하기 어렵다. 뿐만 아니라 경청하는 능력은 실수나 오해를 방지해주고, 인간 사이에 신뢰나 신용이란 자산을 축적해준다.

그러나 경청은 말처럼 쉬운 일이 아니다. 인간은 자신의 이익을 앞세우는 존재이므로, 남의 이야기를 진지하게 듣기보다는 성급하게 자신의 의도나 목적을 다른 사람에게 전달하려는 본성을 갖고 있다. 그렇기 때문에 상대방이 이야기하는 동안 마음의 문을 열고 경청하기보다는 상대방에게 어떤 이야기를 할까를 머릿속으로 구상하는 경우가 많다. 귀를 열고 있지만 실제로는 겉도는 대화가 될 수밖에 없다.

하지만 그런 의도를 갖고 있다는 것은 쉽게 드러나게 마련이다. 속내를 완전히 숨길 수 없기 때문이다. 특히 리더나 교사처럼 상대에게 무엇인가를 항상 전달하는 위치에 있는 사람들은 특별히 주의를 기울이지 않으면 공감적 커뮤니케이션에 성공할 가능성은 아주 낮아진다. 이런 점에서 볼 때 스티븐 코비가, 성공한 사람의 성공 요소로 드는 공감적 경청은 리더들이 깊이 새겨둘 만한 내용이다.

공감적 경청이란 이해하려는 의도를 가지고 경청하는 것을 말한다. 내가 먼저 상대방을 이해하는 것, 진정한 이해를 추구하는 것이다. 그런데 이것은 지금까지 우리가 해온 것과는 완전히 다른 패러다임이다.

공감적 경청이란 다른 사람이 가진 준거틀의 내면에 들어가는 것을 말한다. 다른 사람의 관점을 통해서 사물을 보는 것, 즉 그들이 세상을 보는 방식에 입각하여 세상을 보는 것이다. 이때 우리는 그들의 패러다임을 이해하고, 또 그들이 느끼는 감정도 이해한다.

공감적 경청은 말하는 내용을 마음속에 새기고, 반응하고, 이해하는 것 이상의 훨씬 더 많은 것을 포함하고 있다. 커뮤니케이션 전문가들이 주장하는 바에 의하면, 커뮤니케이션 중 불과 10%만이 우리가 말하는 내용에 의해 전달되고 있다고 한다. 다른 30%는 우리가 내는 소리에 의해, 그리고 나머지 60%는 우리의 신체 언어를 통해 전달된다.

그러나 공감적 경청을 하는 경우 우리는 귀로 말을 들을 뿐만 아니라, 동시에 더욱 중요한 눈과 가슴으로 듣는다. 이때 우리는 그 말이 갖는 느낌과 의미를 경청한다. 나아가 행동도 경청한다. 이것은 오른쪽 뇌는 물론 왼쪽 뇌까지도 사용하는 것이다. 말하자면 감지하고, 직관하고, 느끼는 것이다.

– 스티븐 코비, 《성공하는 사람들의 7가지 습관》, p. 333.

경청을 방해하는 요인을 제거하라

그렇다면 경청을 방해하는 요인들은 어떤 것이 있을까?

첫 번째 요인은 경청은 적극적인 행동이라는 점이다. 그냥 수동적으로 귀를 열어둔 채 머릿속으로 자신의 생각을 다듬는 것이 아니라, 에너지를 소비하면서 상대방의 이야기나 주장을 의식적으로 들으려고 노력하는 활동이다. 휴식은 쉬운 일이지만 모든 노력은 그것에 상응하는 희생을 요구한다. 그렇기 때문에 경청이 쉽지 않은 일이다.

두 번째 요인은 특히 리더들에게 적용될 수 있는 상황인데, 자신은 이미 그것을 잘 알고 있다고 가정하는 것이다. '내가 다 알고 있다'는 생각을 갖는 한 처음부터 경청은 이루어질 수 없는 일이다. 알고 있는 것을 굳이 에너지를 소모하면서 노력을 기울여서 들을 필요는 없지 않는가?

세 번째 요인으로 우리들의 신체적인 특성을 들 수 있다. 토니 엘리샌드라가 집필한 《카리스마 파워프로그램》에는 인간의 말하는 속도와 듣는 속도에 관한 흥미로운 데이터가 소개되어 있다. 평균적인 사람은 1분당 대체로 135~175단어를 말하지만 1분당 400~500단어를 들을 수 있다. 누구든지 듣는 동안 의식적인 노력이 더해지지 않으면 엉뚱한 생각에 시간을 소비할 여력이 생기는 셈이다.

아마도 무료한 회의에 참석한 채 엉뚱한 상상의 나래를 펴본 경험을 가진 사람들은, 듣는 능력과 말하는 능력 사이의 격차를 실감할 것이다. 누군가의 이야기를 듣는 척하면서도 우리는 얼마든지 엉뚱한 상상의 나래를 펼 수 있다.

특별한 노력을 기울여 경청했다 하더라도 대화의 50퍼센트 정도만 이해하고 기억할 가능성이 많다고 한다. 이러한 기억조차도 이틀이 지나면 25퍼센트 밖에 남아 있지 않는다고 하니, 일주일 정도 지나면 거의 남아 있지 않다고 보면 된다.

따라서 경청하는 능력을 키우고 그것을 자신의 것으로 만들려면 특별한 습관이 있어야 한다. 누구를 만나든지 간에 진지하게 듣고, 가능하면 메모를 해두는 것도 한 가지 방법이 될 수 있다.

그러나 더욱더 중요한 것은 리더 스스로 경청을 바라보는 관점을 새롭게 정립하는 일이라 하겠다. 듣는 행위를 통해서 다른 사람을 격려할 수 있고, 그들의 삶에 활력을 불어넣을 수 있을 뿐만 아니라, 새로운 정보를 얻을 수도 있고 배움을 청할 수도 있다는 사실을 받아들여야 한다. 그러면 경청의 기술이 얼마나 소중한지 알 수 있을 것이다.

수학의 노벨상으로 불리는 필드상 수상자인 히로나카 헤이스케의 자전적 에세이 《학문의 즐거움》에는 귀로 배우는 이학(耳學)의 중요성을 강조하는 대목이 등장한다. 그는 학생들을 위한 효과적인 학습 방법의 하나로 이학을 들고 있지만, 학생 대신에 리더를, 교수 대신에 부하 직원을 넣어도 된다.

이 방법은, 처리해야 할 일은 많은데 항상 시간에 쫓기는 리더들에게도 적합하다. 두터운 분량의 보고서나 서류들을 직접 읽음으로써 문제의 본질을 이해할 수도 있다. 하지만 핵심적인 질문을 던지고 이를 통해서 배움을 청하는 그런 습관이 되어 있다면 보다 효과적으로 상황을 파악하고 배울 수 있을 것이다. 동시에 이 방법은 부하들에게 성취동기를 부여하고 각자가 더욱 받아들이도록 돕는 데 도움을 줄 수 있을 것이다.

일류 대학의 학생이라면, 이 이학만으로 단기간 내에 상당한 수준까지 배울 수 있다. 가령 300~400페이지 분량의 책에 씌인 내용을 배우려고 할 때, 학생은 교수에게 가서 "이 책에는 무엇이 씌어져 있습니까?" 하고 일본의 대학에서는 상상도 할 수 없는 질문을 한다. 다소 유치하고 대략적인 질문이지만, 질문받은 교수는 그에 대해서 학생에게 열심히 설명한다. 그러면 그 설명에 대해서 또 질문하고, 그것을 몇 시간에 걸쳐서 되풀이하는 동안에 학생은 그 책의 요점을 파악해버린다. 두꺼운 책을 몇 페이지 읽다가 이해하지 못해 포기하는 것보다 질문을 하는 것이 결과적으로 좋은 효과를 내는 셈이다. 물론 상세한 부분은 스스로 읽어야 되겠지만, 대체적인 요점이나 골격을 파악하면 책에 대한 이해는 훨씬 빠르다.

– 히로나카 헤이스케, 《학문의 즐거움》, pp. 206~207.

07

리더의 얼굴에는
긍정이 담겨 있어야 한다

중년 부부들이 함께 참석한 모임에서 설거지 이야기가 나왔다. 그 자리에 참석한 한 부인이 "음식을 만드는 것은 즐거운 일인데, 먹고 나면 설거지 하는 일이 이만저만 고역이 아니다"라는 말을 했다. 동석한 여성분들 가운데 몇 분이 이 이야기에 동의를 표했다. 모임에 참석한 한 분이 "공 박사님은 이따금 홈페이지에 설거지에 대한 가벼운 이야기를 올려주는데, 집에서 설거지를 하는 경우도 있나요? 늘 바쁘기 때문에 전혀 그럴 시간이 없을 것 같은데요?"라는 질문을 던졌다. 그 질문에 대해 필자는 이렇게 답했다.

설거지와 같은 청소는 투입 대비 산출이란 면에서 그 효과를 즉시 확인할 수 있다는 장점이 있습니다. 뿐만 아니라 청소는 단순노동이기 때문에 정신노동을 하는 사람들에게 피로를 풀어주는 역할을 합니다. 그래서 정신노동을 하는 사람들은 일부러 찾아서라도 단순한 육체노동을 자주 할 필요가 있지 않을까 싶습니다.

이 말을 마치자마자 필자에게 질문을 던졌던 그분이 "항상 긍정적으로 매사를 보는 것 같습니다. 그래서 격무에도 불구하고 항상 표정이 밝은 것 같은데 어떻게 그것이 가능한가요?"라는 질문을 던졌다. 그래서 텔레비전에서 본 이야기를 갖고 대화를 시작했다.

본래 정치는 인간의 본색이 여지없이 드러나는 것이지요. 그래서 상대방을 공격하는 것이 자연스러운 일이라고 봅니다. 그런데 엊그제 텔레비전에서, 가공한 듯한 몇 가지 사실을 가지고 상대 당의 유력한 후보를 공격하는 분을 지켜보았습니다. 저의 추측이 맞다면 연배는 40대 초반 정도일 것입니다. 저는 정치적으로 가급적 당파적 이익이란 부분을 초월하려고 노력합니다만, 그분의 얼굴이 너무 야박하고 투쟁적인 모습이라 보기가 민망하더군요. 40대 이후의 얼굴은 자신이 책임져야 한다는 이야기가 있지 않습니까? 그동안 어떻게 마음을 먹고 살아왔는가에 따라 삶의 역정들이 얼굴이 고스란히 묻어납니다. 그래서 저는 정치인들의 얼굴은 대중들에게 보여지는 얼굴이라 생각합니다. 조금 환하게 웃을 수도 있지 않습니까? 그런데 그런 얼굴은 어느 날 갑자기 생겨나는 것은 아니라고 봅니다. 삶 속에 매사를 낙천적이고 긍정적으로 보는 일들이 반복되지 않으면 결코 밝고 환한 얼굴이 나올 수 없다는 이야기입니다.

세상을 어떻게 보느냐에 따라 우리의 언어와 행동 그리고 삶의 모습이 달라지게 된다. 청소를 고역으로 볼 수도 있지만, 결과가 금방 드러나는 멋진 일로 받아들일 수도 있다. 그것은 어느 누가 강요하는 것이 아니라 바로 자기 자신이 선택하는 것이다.

사소한 일에 감사하라

이따금 '정말 일이 많구나'라는 이야기를 자신도 모르는 사이에 내뱉는 경우가 있다. 해야 할 일이 켜켜이 쌓여 격무에 시달릴 때 주로 나오는 표현이다. 그럴 경우 삶의 위안을 받는 멋진 방법 가운데 한 가지는, 자신이 진정으로 감사해야 할 이유를 찾는 것이다.

봄을 맞은 어느 날 웹에 올린, '일을 대하는 마음가짐'이란 글을 소개하고 싶다. 여기서 일이란 단어 대신에 일상의 삶과 인생을 대하는 마음가짐으로 대체해도 무방할 것이다. 주위를 찬찬히 살펴보면 자신이 병들지 않고 일용할 양식을 갖고 사랑하는 사람들과 함께 살아갈 수 있다는 사실 자체만으로 감사해야 할 이유를 찾을 수 있을 것이다.

대다수 사람들이 사소한 일에 감사하기를 잊어버릴 때가 있다. 노력하거나 습관이 되어 있지 않으면 쉽게 잊어버리고 자신이 처한 상황에 불만을 늘어놓게 된다. 늘 자신이 처한 현실에서 감사해야 할 이유를 찾을 수 있다면, 매사를 낙천적이고 긍정적으로 볼 수 있을 것이다. 또한 세상은 험한 곳이라기보다는 따뜻하고 아름다운 곳이라는 생각을 할 수 있을 것이다.

안녕하십니까.

지금은 새벽 시간입니다. 강연 준비를 하면서 잠시 짬을 내서 글을 올립니다.

요즘은 일이 참 많습니다. 웬만해선 원고 마감 시간에 쫓기는 법이 없는데, 지난해부터는 원고 독촉 메일이나 전화를 받을 정도가 되었습니다. 원고 마감 날짜를 지키는 것을 중요하게 여기는데 너무 일이 많아지니 가끔씩 문제가 발생합니다.

어제, 일을 도와주는 옥경 씨가 와서 다음 주 일정을 한번 확인해보라고 권하였습니다.

"와, 정말 일이 많네."

옥경 씨가 나에게 이런 이야기를 하더군요.

"괜찮겠습니까? 이번 주에 체력을 잘 준비해두셔야겠습니다."

집필, 강연, 기고, 방송 등의 사이에서 정말 아슬아슬하게 균형을 유지해가고 있습니다. 이따금 '휴!'라는 반응을 드러내기도 합니다. 그래도 저는 제 자신에게 이런 이야기를 들려줍니다. 사람들이 나를 찾고, 나에게 일을 맡기니 얼마나 행복한가라고 말입니다.

사람들은 일이 많을 때면 일이 없었던 시절을 그리워하고, 일이 없을 때는 일이 많았던 시절을 그리워합니다. 그래서 저는 가급적이면 매사에서 감사해야 할 이유를 찾으려고 노력합니다.

그리고 내가 누리는 것에 대해서 당연히 비용을 지불해야 하고, 지금은 그 비용을 지불하는 과정이라는 다짐을 스스로에게 자주 들려주

곤 합니다.

삶은 항상 부족하게 마련이고, 그 부족함 때문에 불만이 생기기도 합니다. 그러나 부족함은 또 다른 면으로 보면 넉넉함을 드러내는 징표라는 생각이 듭니다. 이따금 묵직한 무게감으로 다가오는 일상의 일이라도 스스로 마음을 잘 추스르고 가급적이면 즐겁고 유쾌한 마음으로 대할 수 있다면 한층 삶의 무게를 들 수 있지 않을까요?

생을 살아가면서 누구나 자신이 짊어져야 할 몫이 있는 것 같습니다. 부자든 빈자든, 권력자이든 보통 시민이든, 학생이든 직장인이든 누구에게나 그런 짐이 있게 마련입니다. 짐의 본질을 객관적으로 지켜볼 수 있다면 우리들의 삶은 한층 밝아지게 될 것입니다. 이 글을 읽는 분들도 저마다의 삶의 무게를 갖고 있을 것입니다. 어떤 분은 조금 무겁고 또 다른 분은 가벼울 수도 있습니다. 하지만 마음먹기에 따라서 생각하기에 따라서 얼마든지 그것을 즐길 수 있으리라 봅니다.

저는 가급적이면 즐겁고 유쾌하게 그리고 감사한 마음으로 대하기 위해 노력합니다. 왜냐하면 그 모든 것은 자신에게 주어진 것이기 때문입니다.

새벽에 글을 올립니다.

여러분 오늘 하루도 다부지게 생활하시기 바랍니다.

그리고 행복하세요.

2006년 3월 28일

공병호 올림

보통의 사람이 아니라, 다른 많은 사람들에게 영향력을 행사할 수 있는 위치에 서 있는 리더가 낙천적이고 긍정적으로 세상을 바라보면 보다 많은 사람들에게 희망과 낙관을 퍼뜨리게 될 것이다. 그래서 리더는 스스로 자신의 내면세계를 가다듬어야 하고 그 내면세계가 외모로 자연스럽게 우러나올 수 있도록 노력해야 한다.

몇 해 전에 만난 어느 대기업의 회장이 이런 이야기를 들려주었다.

나의 표정이 주변 사람들에게 미치는 영향이 엄청나다는 것을 어느 순간 알아차리게 되었습니다. 그 이후 저는 수시로 화장실에서나 집무실에서 큰 거울 앞에 서게 됩니다. 그럴 때면 미간에 새겨진 주름을 일부러라도 없애기 위해 문지르기도 하고, 수시로 자신의 환하게 웃는 얼굴 모습을 지켜보면서 나 자신에게 항상 활달하게 웃고 긍정적인 이미지와 모습으로 주변 사람을 대하자고 다짐하게 됩니다. 그런데 그렇게 하루 이틀 노력하다 보니까 원래 그런 사람이었던 것처럼 자신의 모습이 바뀌어가는 것을 알 수 있었습니다.

실제로 이런 말을 한 그의 표정은 젊은 날과 몰라보게 달라졌다. 세월과 함께 평안함과 넉넉함으로 스스로를 만들어낸 것이다. 활달함과 씩씩함을 가진 리더는 그 자체만으로 자신을 따르는 사람들에게 용기와 희망 그리고 삶에 대한 의욕과 열정을 불어넣을 수 있다.

넉넉한 마음은 긍정적인 마음을 가져온다

긍정적인 마음과 태도는 누구에게나 필요한 것이다. 특히나 정치 리더에게는 필수적이다. 리더는 세상을 변화하는 무대로 바라보고, 생존과 번영을 위해 노력하는 사람들의 치열한 삶을 넉넉한 마음으로 이해해야 한다. 그러면 세상을 지나치게 이분법으로 바라보거나 혁명의 대상으로 바라보는 오류를 피할 수 있다. 그런 넉넉한 마음은 곧바로 상대방을 포용하는 긍정적인 마음과 태도로 그 모습을 드러내게 된다.

리더가 갖추어야 할 넉넉함과 긍정적인 마음가짐을 생각할 때면 빌 클린턴 전 미국 대통령이 떠오른다. 유복자로 태어난 그는 힘든 성장기를 거쳤으며 역경을 딛고 대통령의 자리에 올랐다. 또한 그는 재임 기간 중 탄핵에 이를 정도의 큰 실수에도 불구하고 여전히 미국인의 사랑을 받고 있다. 그의 얼굴에는 리더로서 가져야 할 넉넉함과 긍정성, 그리고 낙관성이 담겨 있다. 그는 어떤 사람에게도 손을 내밀어서 공감과 용기를 줄 수 있는 그런 인물이다. 오늘날 그의 모습은 세상과 사람을 바라보는 긍정성에 기반을 두고 있다. 또한 그것은 자신이 스스로 선택한 것이다.

나는 증조부를 비롯한 친척들이 들려주는 이야기에서 많은 것을 배웠다. 아무도 완벽하지는 않지만 대부분은 선하다는 것, 최악의 순간이나 가장 약한 순간에 한 행동으로 사람을 판단할 수는 없다는 것. 가혹한 심판은 우리 모두를 위선자로 만든다는 것. 인생의 많은 부분은 그저 어딘가에 모습을 나타내고 어딘가에서 버티고 있는 가운데 흘러가 버린다는 것. 웃음도 종종 고통과 맞서는 가장 좋은 방법이며 가끔은 유일한 방법이기도 하다는 것. 어쩌면 내가 배운 가장 중요한 것은 모든 사람에게 하나의 이야기가 있다는 것이었는지도 모른다. 꿈과 악몽의 이야기, 희망과 상심의 이야기, 사랑과 상실의 이야기, 용기와 공포의 이야기, 희생과 이기심의 이야기, 나는 평생 다른 사람들의 이야기에 관심을 가졌다. 나는 다른 사람들을 알고 싶었고, 이해하고 싶었고, 느끼고 싶었다. 성장하여 정치에 뛰어들었을 때, 나는 늘 내가 하는 일의 주된 목표는 사람들에게 더 나은 이야기를 가질 기회를 주는 것이라고 생각했다.

– 빌 클린턴, 《빌 클린턴의 마이 라이프》, p. 26.

08

구성원들로부터
최고를 이끌어내라

리더는 동기부여에 능해야 한다. 공동의 성과를 극대화하는 것은 리더의 임무 가운데 빼놓을 수 없는 부분이다. 그러므로 리더는 조직 구성원 개개인의 개별적인 특성에 대한 이해를 바탕으로 자원을 적절히 배분하는 것에 익숙해야 한다. 또한 그들이 공동의 목적지를 향해 나아갈 수 있도록 목표를 제대로 설정하는 것도 필요하다. 그러나 무엇보다 중요한 것은 리더는 사람의 마음을 움직일 수 있어야 한다는 점이다.

유능한 리더들은 부하 직원들의 성취에 대해 격려와 칭찬을 아끼지 않는다. 물론 그들은 모호한 언어로 된 두루뭉술한 칭찬이나 격려는 구성원들로 하여금 자신의 행위에 대한 오판을 낳게 할 수도 있다는 사실을 잘 안다. 또한 칭찬과 격려는 구체적일수록 그 효과가 커진다는 사실도 잘 안다. 칭찬과 격려를 한꺼번에 모아서 할 필요는 없다. 칭찬과 격려는 그 즉시 주어질수록 효과적이다.

칭찬과 격려는 자부심과 자긍심을 만들어준다

리더십에서 칭찬과 격려가 중요한 이유는, 인간이란 존재가 한편으로는 이성적이면서도 또 다른 한편으로는 감정적인 측면을 갖고 있기 때문일 것이다. 그래서 광고로부터 제품 디자인, 생산·인력 관리에 이르기까지 감정적인 측면을 충분히 고려하지 못하는 리더는 결코 성공할 수 없다. 칭찬과 격려는 스스로에 대한 자부심과 자긍심을 만들어주는 활동이다. 그것은 직책이 높은 자리에 있는 사람들이 커다란 비용을 지불하지 않고서 손쉽게 행할 수 있는 선택 가운데 하나다.

그러나 선뜻 행하기가 꺼려지는 것이 바로 칭찬하고 격려하는 일이다. 타인을 칭찬하고 격려하는 일은 습관으로 자리 잡고 있어야만 자연스럽게 이루어진다.

GE의 회장을 지냈던 잭 웰치의 글 중에 "리더가 되기 전에는 자기 자신이 성장하는 것이 성공의 핵심이었지만, 리더가 되면 다른 사람들을 성장시키는 것이 핵심이 된다"는 내용이 있다. 리더가 무엇을 해야 할지를 정확하게 지적한 대목이다. 이어서 잭 웰치는 '당신이 하고 있는 일은 지휘이다'라는 사실을 결코 잊어서는 안 된다는 점을 다음과 같이 지적하고 있다.

당신이 급여를 나누어주기 때문에 사람들은 당신의 모든 말에 귀를 기울이고(혹은 기울이는 척하거나) 당신의 모든 농담에 웃는다(혹은 웃는 척한다). 어떤 기업에서는 리더가 된다는 것이 특별 주차 구역을 갖게 되거나 일등석으로 여행하는 것을 의미하기도 한다. 그것이 당신을 기고만장하게 만들 수도 있다. 정말 자신은 아주 대단한 존재라고 생각하게 될 수도 있다. 하지만 그런 일이 일어나게 해서는 안 된다.

기억하라. 사람들이 당신을 리더로 만들었을 때, 당신은 왕관을 받은 것이 아니다. 당신은 다른 사람으로부터 최선의 것을 이끌어낼 책임을 맡은 것이다. 이를 위해 당신의 부하직원이 당신을 신뢰하게 만들 필요가 있다. 당신이 정직함을 보여주고 신용을 지키고 당신의 진실한 모습을 보인다면 직원들은 당신을 신뢰할 것이다.

– 잭 웰치, 수지 웰치, 《잭 웰치, 위대한 승리》, p. 93.

리더를 '다른 사람으로부터 최선의 것을 이끌어낼 책임을 진 사람'으로 정의하고 있는 잭 웰치의 말은, 리더십의 본질 가운데 중요한 한 가지 측면을 정확하게 지적하고 있다. 자신에게서 최선의 것을 꺼집어내는 일도 어려운데, 타인으로부터 최선의 것을 이끌어내는 일은 얼마나 어려운 일이겠는가? 그러나 이것을 위해 리더가 존재하는 것이다.

탁월한 리더는 자신의 것을 만들어내는 것보다 다른 사람들의 가능성을 발굴해내고 이를 발휘하도록 유도하는 행위 자체에 관심을 갖는다.

이들은 타인을 돕고 타인이 성장해가는 것을 즐겁게 지켜보고, 타인이 성과를 만들어내는 것 자체를 즐긴다. 이들은 대부분 성과나 평가라는 면에서 탁월함을 추구한다. 그리고 자신에게 주어진 격무를 받아들이는 데도 익숙할 뿐만 아니라 한걸음 더 나아가 리더라는 직분을 '소명(calling)'으로 받아들인다. 자신의 이익을 지나치게 챙기는 사람은 결코 뛰어난 리더가 될 수 없다. 자신의 이익 때문에 불명예스러운 일에 연루되어 몰락하는 경우도 있다.

질책 없는 책임은 없다

칭찬과 격려는 반드시 또 다른 면과 함께해야 한다. 그것은 바로 따끔한 질책이다. 질책 없는 책임이란 존재할 수 없기 때문이다. 성과를 만들어내는 과정에서 필요하다면 부하 직원들을 야단치기도 하고 가끔은 분노하게 만들 수도 있어야 한다. 칭찬과 격려에 비해 질책에는 대단한 용기가 요구된다. 이런 점에 대해 콜린 파월 장군의 리더십을 분석한 오렌 하라리는 다음과 같이 말한다.

> 리더는 인기에 연연해서는 안 된다. 누구에게도 상처 주지 않으려 한다면, 혹은 모두에게 인기를 얻으려 한다며 평범한 사람밖에 될 수 없다. 사람들에게 싫은 소리를 못하는 리더는 난해한 선택에 직면했을 때 결단력을 발휘하지 못하고 꾸물거리기 십상이다. '영향력'보다 '인기'를 중시하는 리더는 마땅히 맞서야 할 사람에게도 쉽게 맞서지 못한다. 또한 성과에 따라 차별적인 보상을 제공하지도 못한다. 간단

히 말해 이런 리더는 혁신을 꾀할 수 없다. 그러다 보면 자신의 신용
에는 물론 조직의 성과에도 흠집을 내고 말 것이다.

– 오렌 하라리, 《콜린 파월의 행동하는 리더십》, p. 24.

콜린 파월은 리더의 이런 측면을 두고 "훌륭한 리더는 가장 유능
한 사람들을 만족시키는 데 늘 초점을 맞춘다"고 말한다. 리더는 공
정하게 행동함과 동시에 자신의 의사 결정 기준의 중요한 부분에 '신
상필벌'의 원칙이 자리 잡고 있어야 한다. 다시 말해서 칭찬, 격려,
질책은 항상 함께 묶여 있어야 한다는 것이다.

성과 창출이란 궁극적인 목적에 크게 기여하는 사람에게는 상을, 그
렇지 못한 사람들에게는 벌을 내릴 수 있어야 한다. 성과가 낮은 구성
원들에게 정면으로 맞설 수 없는 리더에게 미래를 맡길 수는 없다.

4장_리더의 흔들림 없는
마음이 구성원을 이끈다

01
긍정적인 세계관을 가져야 한다

《비전의 충돌》의 저자인 토머스 소웰은 세계관을 "세계의 움직임에 대한 우리의 지각", "당혹스러울 정도로 복잡한 세상을 헤쳐 나가도록 안내해주는 지도와 같은 것"이라고 말한다.

다들 자신의 두뇌 속에 있는 세계관이라 부를 수 있는 '그 무엇'을 통해서 세상을 이해하고, 해석하고, 진단하고, 판단한다. 물론 사람마다 완성도의 차이는 있을 것이다. 배움의 시기가 짧고 하루하루 살아가는 데 분주한 사람이라면 정교한 세계관을 갖고 있기보다는, 본능에 가깝지만 나름대로 선과 악 그리고 옳고 그름을 판단하는 기준을 갖고 있을 것이다.

반면 리더들은 학력 수준이 높고, 오랜 기간 동안 여러 가지 경험을 해왔을 뿐만 아니라 무엇보다도 다른 사람을 설득하고 이끌어야 하기 때문에 자기 나름의 뚜렷한 세계관을 갖고 있다.

잘못된 세계관은 잘못된 선택을 낳는다

토머스 소웰은 세계관을 '비전(vision)'이란 용어로 표현하지만《체인징 마인드》를 집필한 하워드 가드너는 세계관이란 용어를 사용하지 않고 '정신적 표상(mental representations)'이라는 단어를 사용한다. 하워드 가드너는 '정신적 표상'을 "한 개인이 정보를 받아들이고, 해석하고, 보유하고, 이용하는 특정한 방식"이라고 말한다.

그것을 무엇이라고 부르든지 간에 리더의 머릿속에는 평균적인 의미에서 일반인보다 더욱 뚜렷한 세상을 바라보는 '창(window)'이 존재한다. 필자는 '번영의 실마리는 세계관이 있다'는 글에서 세계관에 대해 다음과 같이 말하였다.

> 우리가 살아가는 현실은 지나치게 복잡하고 이해하기 힘들다. 때문에 사람들은 논리나 증거를 동원하기 이전에 복잡한 현실을 쉽게 판단할 수 있는 도구나 수단을 필요로 한다. 쉽게 말하면 사람들은 어떤 사회적 현상을 사실적, 논리적으로 설명하기에 앞서 그것이 '올바르다'거나 '정의롭다'거나 '선이다'라는 느낌이나 예감을 갖는다. 그리고 그런 예감을 올바른 것, 정의로운 것으로 믿어버리고 싶어 한다. 이 같은 느낌이나 예감을 만들어내는 도구를 신념 체계 혹은 세계관이라고 이해할 수 있다. 세계관은 각자의 두뇌에 내장되어 있으면서, 다양한 사회 현상 앞에서 옳고 그름에 대한 예감이나 의견 혹은 판단 등을 내놓는다. (…)
>
> 인간은 자신의 세계관이란 카메라를 통해 세상을 이해하고, 판단

하고, 의견을 형성한다. 그래서 어떻게 올바른 제도를 만들어낼 것인지 고심하는 사람이라면, 반드시 한 공동체 구성원들이 평균적으로 가진 세계관이 무엇이며 그리고 그 세계관은 어떻게 만들어지는지 관심을 갖고 들여다보아야 한다. 그곳에 번영에 이르는 올바른 제도를 만들 수 있는 실마리가 감추어져 있기 때문이다.

– 공병호, 《한국, 번영의 길》, p. 121, 123

한편 '세상은 격렬하게 대결하는 집단들의 모임이다'라고 생각하면 양극화와 같은 단어들이 자연스럽게 등장하게 된다. 그러나 반대로 '세상은 이해가 상충하는 개개인들의 거래로 이뤄진다'고 생각하면 양극화란 단어가 자리를 잡고 들어설 여지가 없어진다. 세상을 이롭게 하기 위해서는 '교환의 망'을 어떻게 하면 더욱 활성화할 것인가를 두고 고민하게 될 것이다. 이처럼 세상을 이해하는 관점의 차이에 따라 아주 다른 정책을 선택하게 된다.

세계관에 관한 한 필자는 비교적 뚜렷한 견해를 갖고 있다. 따라서 독자들 가운데 필자와 생각을 달리하는 사람들은 조금 불편함을 느낄 수도 있을 것이다. 그러나 필자는 이것도 좋고 저것도 좋다고 하는 것보다는 자신의 생각을 뚜렷하게 드러내는 것이 오히려 바람직하다고 생각한다. 필자가 바라보는 올바른 세계관이 무엇인지는 《한국, 번영의 길》에서 다음과 같이 명쾌하게 정리하였다.

우리가 가진 세계관을 간결하게 정리하면 '좌파적 세계관'과 '우파적 세계관'으로 나눌 수 있다. 그러면 좌파적 세계관과 우파적 세계관은 어떤 차이를 갖는가? 우파와 좌파는 인간의 본성에 대한 다른 견해에 바탕을 둔다. 우파적 세계관은 인간을 자기 이익에 충실한 존재로 가정한다. 자선이나 기부 활동도 하지만 보편적인 인간 본성은 자신의 이익에 충실하게 행동한다고 간주한다.

이런 가정에 대해 여러분은 어떻게 생각하는가? 이익에 충실한 존재로서의 인간 본성을 이해한다면, 공익을 위해 이런저런 일을 해야 한다고 목소리를 높이는 정치가나 관료 같은 그런 저런 사람들에 대해 그다지 믿음을 갖지 않을 것이다. 여러분을 위해 근사한 일을 해주겠다고, 나를 믿으라고 말하는 정치가들이 진정으로 사익을 버리고 행동할 수 있다고 믿는가? 그런 사람들이 꽤 많다고 생각하는가? 여기서 우파적 세계관과 좌파적 세계관이 갈린다.

인간이 가진 이기심은 자연스러운 것이며 그런 본성은 바뀌지 않는다고 가정한다는 점에서 우파적 세계관은 튼튼한 토대를 갖고 있다. 누군가가 여러분을 위해 자신의 이익을 희생하면서까지 근사한 일을 대신해줄 것이라고 믿지 않는다는 점에서 우파적 세계관은 현실주의자(realist)들의 손을 들어준다. 반면에 좌파적 세계관은 사익을 추구하는 사람들이 우글거리는 속에서도 공적인 임무를 맡은 사람은 기꺼이 자신의 이익 대시나 공익을 추구할 것이고, 그런 사람이 그래도 꽤 많을 것이라고 믿는다.

– 공병호, 《한국, 번영의 길》, p. 129, 131

잘못된 세계관은 현실에 대한 정확한 판단을 흐리게 함으로써 잘못된 선택을 낳게 한다. 기업의 경우에는 리더가 올바른 세계관을 갖고 있지 않더라도 큰 문제가 없다. 왜냐하면 기업이란 수지타산이 맞지 않으면 언제라도 리더를 교체할 수 있기 때문이다. 현실을 있는 그대로 진단하지 못하는 리더는 성과가 좋지 않을 것이고, 성과가 좋지 않는 리더는 교체 대상이 될 수밖에 없다. 기업은 다른 분야에 비해서 신진대사가 원활하게 이루어지고, 이루어질 수밖에 없는 특성을 가지고 있다.

그러나 선거로 리더를 뽑는 공적 영역에서는, 주민 소환제와 같은 제도의 실질적인 작동이 어렵기 때문에 한번 뽑은 리더는 오랫동안 자신의 의도대로 조직을 이끌어간다. 그렇기 때문에 리더가 어떤 세계관을 갖고 있으며, 어떤 성향을 가진 인물인가를 제대로 이해하고 선택하는 것은 매우 중요한 과제다.

공적인 영역에서 리더가 갖추어야 할 첫 번째 세계관은 세상의 구성에 대한 올바른 이해라고 할 수 있다. 세상을 각종 단체나 계급들의 연합으로 인지하면, 필연적으로 정부의 개입에 의한 강력한 재분배 정책이 그 뒤를 따르게 된다. 계층 간, 계급 간, 집단 간 이해관계를 조정하는 것이 자신이 맡은 임무라고 생각하기 때문이다.

그러나 세상을 다양한 이해를 추구하는 개인들의 연합으로 받아들이면 그다음에 나오는 정책은 개인 간의 거래를 촉진하는 부분에 초점이 맞춰진다. 간단하게 보이는 이 같은 세계관의 차이는 리더가 이끄는 조직 자체뿐만 아니라 조직과 관련된 모든 부분에 엄청난 영향을 미치게 된다. 특히 한 나라의 지도자가 가진 세계관은 그 사회에 커다란 반향을 불러일으킨다.

세상을 감사와 찬탄의 마음으로 바라보라

공동체를 이끄는 리더는 우리가 살아가는 복잡한 세상을 감탄하는 마음으로 바라볼 수 있어야 한다. 세상을 개선해야 할 대상으로 바라볼 수는 있지만, 개혁의 대상으로 삼아서는 안 된다. 제각각 이익을 좇아서 움직이는 인간들의 모습을 마음속으로 기꺼이 받아들일 수 없을지라도, 자신의 이익을 추구하는 인간들의 노력들이 의도하지 않은 결과, 즉 다른 사람들의 필요와 욕구를 자연스럽게 만족시켜주고 있다는 사실에 신뢰를 가져야 한다.

공동체를 이끄는 리더와 그를 추종하는 사람들이 거대한 정치권력을 동원하여 지시나 통제로 사사건건 문제 해결에 개입해서는 안 된다. 개개인이 가진 지식의 조각들은 시장을 통해서 조정되고, 사회의 많은 문제들은 자동적으로 해결되게 마련이다. 이른바 사회의 구성 원리를 자유주의에 두는 리더들은 세상의 움직임을 뚜렷하게 이해할 수 있다. 그 결과 분노와 증오 대신에 감탄과 경외감으로 사회를 올바른 방향으로 이끌 수 있다.

세상을 어떻게 바라보는 것이 올바른가에 대해서는 복거일 씨의 자전적 소설 《보이지 않는 손》이 많은 도움을 준다. 다음 글은 올바른 세계관에 대한 의미를 되새기게 해준다. 복거일 씨는 교통 법규를 어기고 거리를 질주하는 '퀵 서비스' 직원들을 넉넉한 마음으로 바라보면서 자신의 단상을 정리하였다.

사람들은 모두 제 이익을 좇아서 다른 사람들의 필요들을 채워주면서 살고 있었다. 그리고 개인들의 그러한 활동들이 조화를 이루어 거시적 질서가 나왔다. 지금처럼 '보이지 않는 손'의 모습이 문득 드러나는 자리에선, 그의 가슴이 감탄으로 가득 차곤 했다. (…)

누가 치밀하게 계획한 것도 중앙의 권력이 자세한 명령을 내린 것도 아닌데, 세상은 거의 완벽하게 돌아가고 있었다. 지금 이 자리에선 정부의 '보이지 않는 손'은 보이지 않았다. 보이는 것은 '보이지 않는 손'의 부지런한 움직임뿐이었다.

더욱 감탄스러운 것은 그런 사회적 조화가 뜻하는 지식의 조정이었다. 한 사회에 존재하는 지식은 개인들이 지녀서 널리 퍼졌지 어느 한곳에 따로 모인 것이 아니었다. 방대한 지식을 한데 모으는 것은 물리적으로 불가능했고 경제적으로 비합리적이었다. 그래서 현대 사회처럼 정부의 몸집이 커진 사회에서도, 정부가 실제로 지닌 지식은 사회 전체의 지식에 비해서 무시해도 좋은 만큼 작았다. 이런 지식의 분산은 필연적으로 지식의 조정이라는 문제를 불렀다. 그것은 생각할수록 막막해지는 문제였지만, 사회는 그것을 거의 자동적으로 풀어서 잘 움직였다. (…)

세상을 감탄하는 마음으로 바라본다는 것은 좋은 일이었다. 그것은 사회의 구조와 움직임을 또렷이 보여주었고 사회로부터 기대할 수 있는 것들을 알려주었다. 무엇보다도, 그것은 불완전할 수밖에 없는 실존 사회와의 불필요한 감정적 대립으로부터 그를 구해주었다.

문제는 그가 소설가라는 점이었다. 사회에 대해 감탄하는 마음은 소설을 쓰는 데 별 도움이 되지 않았다. 자본주의 체제나 시장의 질서처럼 거대한 것들에 대한 경우일지라도, 감탄은 본질적으로 옅은 감정이었다. 증오나 분노와는 비교가 되지 않을 만큼 옅은 감정이었다. 소설을 쓰는 데 결정적으로 중요한 것은 감정의 농도였다. 감정의 정체나 합리성이 아니었다. 하도 짙어서 *끈끈한* 액체가 된 증오도 난로 속 석탄처럼 검붉은 분노도 걸작을 낳을 수 있었다. 절망까지도, 충분히 짙으면, 사람들이 감탄하는 작품을 낳을 수 있었다. 감탄은 그렇지 못했다. 특히 감탄의 대상이 실존하는 사회 체제인 경우엔.

세상의 움직임이 또렷이 보일수록, 그의 감정적 자산은 줄어들었다. 사회가 존재한다는 사실 자체가 경이로웠고, 그 사회가 잘 움직인다는 사실은 더욱 경이로웠고, 사회의 움직임이 그럴듯하게 설명될 수 있다는 사실은 무엇보다도 신기했다.

– 복거일, 《보이지 않는 손》, pp. 12~14.

이 인용글에 등장하는 '소설가' 대신 '지식인'이나 '리더'로 대체해도 무리가 없을 것이다. 세상을 감탄과 찬사의 마음으로 바라보기 시작하면 감정적 낭비 없이 실존하는 사회를 있는 그대로 또렷이 바라볼 수 있다. 또한 개혁이란 이름으로 사회에 지우는 부담의 크기를 현저하게 줄일 수 있을 것이다. 개혁이란 이름으로 한 사회에 크든 작든 간에 부담을 지웠던 대부분의 일들은 결국 한 사회의 리더와 그를 추종하는 사람들이 가졌던 잘못된 세계관에서 연유된 경우가 많았다. 그래서 더더욱 중요한 것은 리더가 올바른 세계관으로 무장하는 일이라 하겠다.

세계관이란 어느 날 갑자기 생겨나는 것은 아니다. 교육이나 성장 과정, 그리고 여러 경험을 거치면서 차곡차곡 만들어지는 것이다. 리더가 가진 세계관의 실체를 모두 드러낼 수는 없을 것이다. 하지만 리더가 사물이나 현상에 대해서 어떤 이야기를 하는가를 관심 있게 살펴보면 그가 어떤 세계관을 가지고 있는지 인식해내는 일은 어렵지 않을 것이다. 최소한 공동체의 구성원들은 명백하게 잘못된 생각 혹은 사고로 무장한 리더를 뽑는 잘못을 범해선 안 된다. 왜냐하면 그런 선택이 공동체에 미치는 부정적인 영향이 너무 크기 때문이다.

02

반드시 관철시키겠다는
의지로 무장하라

리더들에겐 다양한 도전 과제들이 주어진다. 이런 과제들 하나하나는 만만한 것이 없다. 리더는 세상의 흐름을 제대로 읽어내야 하고, 조직 구성원들을 단결시켜 추구하는 목적에 헌신할 수 있도록 이끌어야 한다. 파고가 높게 들이치는 망망대해를 항해하는 배 안에서 어떤 일들이 일어나게 될지를 머릿속에 그려보라. 정도의 차이가 있을지 모르지만 리더가 당면하는 상황과 크게 다르지 않을 것이다.

이때 리더에게 필요한 마음가짐은 어떤 것일까? 목표를 반드시 관철시키고야 말겠다는 굳센 의지나 믿음이다. '조금 해보다가 안 되면 포기할 수도 있다'는 생각을 하는 순간, 이미 목표 달성으로부터 멀어지게 된다. 리더의 굳센 의지나 믿음은 마치 열정처럼 구성원들에게 계속 나아가야 할 이유, 어려움을 극복해야 하는 이유, 그리고 어떤 어려움에도 불구하고 목표를 달성할 수 있다는 자신감 등을 불어넣어준다.

목표를 향한 의지는 신념으로 바뀐다

굳센 의지나 믿음은 눈에 보이지 않는 개인적인 마음가짐이다. 그것은 어느 날 갑자기 만들어지는 것이 아니라, 다양한 시도를 통해서 오랜 시간 동안 하나하나 쌓여지는 것이다.

이미 중·고등학교 시절부터 각 개인 간에 뚜렷한 차이가 나타난다. 아이들마다 심지(心志), 즉 문제를 해결하고 목표를 달성하려는 의지가 다르기 때문이다. 그리고 그 차이는 정보를 구하고, 문제를 풀고, 암기를 하는 등 다양한 행동에 있어 커다란 차이를 가져온다. 따라서 스스로 배우려는 의지를 전혀 갖지 않은 심적 상태에 놓여 있는 아이는 어려움이 따를 수밖에 없다. 이런 차이가 하루 이틀 반복되다 보면, 성인이 되었을 때 의지라는 면에서 더욱 큰 차이를 보이게 된다.

직장 생활에 있어서도 마찬가지다. 항상 목표를 정해서 그것을 이루기 위해 무던히 애쓰는 사람이 있는 반면에 전혀 그렇지 않은 사람도 있다. 그런 생활이 반복되면 커다란 간격이 발생하는 것은 피할 수 없는 일이다.

그런데 리더라는 위치에 오르면 개인적인 차원의 굳센 의지나 믿음은 하나의 신념으로 바뀐다. 리더는 자신이 이끄는 조직이나 공동체를 '이런저런 목적을 향해 이끌어가야겠다'는 강한 염원을 갖게 되는데, 의지가 염원과 어우러지면 자연스럽게 일종의 신념이 생겨나는 것이다.

신념의 리더는 자신의 앞에 펼쳐지게 마련인 어려운 과제들을 돌파하는 것을 즐길 수 있는 단계까지 자신을 끌어올린다. 세상의 모든 일이 그렇듯이 자신의 일을 즐겁게 행할 수 있는 단계에 이르지 못하면 성공할 수 없다. 자신이 돌파해야 할 난제들을 힘겨워할 수도 있지만, 즐김의 대상으로 삼을 수도 있다. 리더의 입에서 '왜, 내가 이런 난제를 안아야 하나', '정말 생각보다 힘들구나', '그래도 예전이 좋았지', '힘들어서 정말 못 해먹겠다' 등과 같은 말이 나오기 시작하면 그는 신념과는 거리가 먼 리더라고 할 수 있다.

대표적인 신념의 리더로 대처 혁명을 이끌었던 마거릿 대처 전 영국 총리를 들 수 있다. 그녀가 국가라는 공동체를 이끌 때 자신에게 강력한 행동력을 부여했던 것은, 단순히 이것을 해보고 싶다는 바람도 권력 욕심도 아니었다. 그녀를 이끌었던 것은 강력한 신념이었다. '모든 인간은 스스로 개인의 운명을 개척해나가야 한다'는 그녀의 신념은 어린 시절 부모로부터 배웠고, 그녀 자신이 삶을 통해서 확신하게 된 일종의 삶의 지침이라 할 수 있다. 그녀는 강력한 신념을 바탕으로 숱한 도전 과제들을 헤쳐나가면서 이른바 대처 혁명을 완수한다.

마거릿 대처는 '확신 있는 정치인'으로 불려지기를 좋아했다. 이는 그녀 내부에 어떤 확고한 신념이 있다는 것을 나타내는 것인데 그러한 신념은 이미 어린 시절부터 형성되었다. 거기에는 가족, 그중에서도 아버지인 알프레드의 영향은 지대한 것이었다.

1979년 5월 4일, 수상 관저에 첫발을 들여놓게 된 순간 마거릿 대처는 이렇게 말했다.

"제가 선거에서 이긴 것은 그리고 선거 때 호소한 것은 결국 어렸을 때 아버지께서 제게 다 가르쳐 주신 것이었습니다." (…)

아버지 알프레드는 항상 이렇게 말했다.

"따돌림을 받을까 두려워서 집단에 맹목적으로 따라가서는 안 된다. 네가 할 일을 네가 스스로 결정해야 한다."

즉 남보다 뒤떨어지는 것을 두려워하지 말고 결단은 자기 혼자 내리는 것이므로 맹목적으로 친구들의 흉내를 내지 않아도 된다고 충고했던 것이다. 그렇게 가르친 아버지 알프레드는 실제 생활에 있어서도 일하기가 싫다든가, 어렵다든가, 피곤하다든가 하는 말을 절대 입밖에 낸 적이 없었다. 마거릿의 아버지는 이렇게 자기의 인생철학을 딸의 마음속에 심어주었다. 자녀들 중 누구보다 아버지의 가르침을 착실히 받아들인 것은 아버지를 가장 많이 닮은 마거릿이었다. 그녀는 일생 동안 아버지의 가르침대로 한번 일을 시작하면 끝까지 해내고야 마는 기질을 실천하였다. 그래서 자신이 성공을 거두었을 때 모든 것을 만들어 준 것은 아버지이고 모든 것이 아버지의 덕분이었다는 말을 하며 찬양해 마지않았던 것이다.

- 고승제, 《구멍가게 둘째딸 마거릿 대처》, p. 20, pp. 28~29.

신념의 리더가 필요하다

리더에게 필요한 덕목은 개인적인 굳건함과 강건함이 신념으로 탈바꿈할 수 있느냐의 여부이다. 이때 유념해야 할 것은 잘못된 신념이 가져올 수 있는 파괴적인 결과를 충분히 고려해야 한다는 것이다. 건강하고 유익한 신념에 바탕을 둔 인물을 두고 흔히 '신념의 인물'이라고 한다. 신념은 어떤 상황에서도 '지금 내가 무엇을 해야 하는가'에 대한 뚜렷한 가이드를 제시해준다. 뿐만 아니라 자신 앞에 쉼 없이 다가오는 어려움을 극복할 수 있는 용기를 제공해준다.

신념이 없는 리더는 가을날의 갈대처럼 행동한다. 신념을 상실한 리더는 축구장의 축구공처럼 이리저리 쏠려 다니기도 하고, 다음에는 어디로 어떻게 튈지 예상하기 어려울 정도로 즉흥성을 보인다. 그런데 문제는 자신만 쏠리는 것이 아니고 공동체 전체에 예측 불가능성과 불안감을 조성하게 된다는 사실이다.

다양한 이해 집단들에 의해 이리저리 쏠리는 일들이 반복되면 조직은 나아갈 방향을 잃어버리게 된다. 오로지 임기응변과 무사안일, 나태함이 조직을 지배하게 된다. 이럴 때 발생하는 비용은 시간을 흘려보내게 된다는 점이다. 그렇게 가버린 시간은 결코 주워 담을 수 없다. 그런데 더욱 큰 문제는 결정적인 시기를 놓쳐버린 경우 비용을 측정할 수 없을 정도로 큰 타격을 입게 된다는 것이다.

신념의 인물은 시간을 그냥 흘려보내지 않는다. 리더는 시대의 흐름을 읽고 그것이 요구하는 바를 깊이 숙고한 다음 올바른 신념에 따라 반대자들을 적극적으로 설득하면서 우직하게 조직을 이끌어갈 수 있어야 한다.

지난 40년간 프랑스는 늘어난 다양한 고용 보호 장치 덕분에 노동 법이 무려 800페이지로 늘어났다. 등장하는 정치가들마다 소신도 없고 신념도 없었다. 그저 표를 얻기 위해 근로자들에게 내세운 것이 고용 보호와 혜택이었다. 그러나 세상에는 그저가 있을 수 없다. 2005년 프랑스의 평균 실업률은 9.5%, 그러나 26세 미만 청년 실업률은 전국 평균의 2배가 넘는 23%에 달하였다. 특히 파리 근교 저소득 이민자들이 사는 지역의 경우 청년 실업률은 40~50%나 되었다. 결국 프랑스는 전형적 선진국병인 고실업과 고복지의 수렁에 빠졌고 연평균 2%를 밑도는 경제성장률로 젊은이들에게 일자리를 제공하는 데 실패하였다.

모든 정치 지도자들이 이런 상황이 올 수밖에 없다는 사실을 알고 있었을 것이다. 그러나 40여 년간 어느 지도자도 근본적인 문제 해결책을 제시하고 나라를 제대로 이끌기 위해 노력한 적은 없었다. 이처럼 근본적이고 구조적인 문제는 보통의 리더들은 타개하기 힘들다. 이런 문제는 신념의 리더만이 해결할 수 있다. 마침내 도미니크 드 빌팽 총리가 주도하여 2006년 1월, "고용한 지 2년 안에 언제든지 해고해도 좋으니까 일단 젊은이들을 한번 고용해서 써보라"는 내용을 골자로 하는 CPE(최초고용계약법)를 내놓았다.

하지만 이해가 걸려 있는 이익집단들과 철없는 젊은이들이 벌떼처럼 들고일어나서 이 법안에 반대하였다. 프랑스 문제의 본질을 직시하자고 외치는 사람들은 극소수였다. 불행히도 프랑스에는, 국민들을 적극적으로 설득하고 이런 난제들을 굳센 의지로 돌파할 수 있는 리더들이 없었다. 결국 개혁을 주도하였던 리더들은 대규모 시위 앞에 무릎을 꿇고 말았다.

이 기회를 놓쳤으니 앞으로 최악의 국면에 도달하기 전까지는 어느 누구도 나서지 않을 것이다. 시간이 가면서 실업과 저성장이 도저히 감내할 수 없을 정도로 악화될 것이고, 더 큰 비용을 지불하면서 현실을 있는 그대로 받아들이게 될 것이다. 막심한 후회를 하겠지만 소용없을 것이다.

아무것도 없는 상태에서 새로 시작하는 것이 차라리 쉬울지도 모른다. 이미 다양한 이해 집단들이 존재하는 상태에서 상황을 바꾸어 놓기는 정말 어렵다. 후자의 길을 선택할 때 가장 절실한 것은 바로 '신념의 리더'다.

03
결과에 대해
책임을 져라

"책임은 여기서 멈춘다(The bucks stop here)." 전 미국 대통령 트루먼의 집무실에 놓여 있던 명패에 적힌 글귀다. 최고 책임자의 막중한 책임감을 언급할 때 자주 나오는 유명한 구절 가운데 하나이다.

조직과 공동체를 이끄는 리더는 성과에 대해 책임을 지는 인물이어야 한다. '책임을 진다'에 반대되는 것은 '책임을 미룬다' 혹은 '변명거리를 찾는다'이다. 리더는 재임 기간이란 한시적인 기간 동안 본인이 만들어낸 성과물로써 자신을 드러낼 수 있어야 한다. 물론 재임 기간이 지난 뒤에도 긍정적인 영향을 끼칠 수 있다면 더할 나위가 없을 것이다. 자신이 재임하고 있는 동안 예상치 못한 불운이 닥칠 수도 있다. 하지만 이것이 자신이 만들어낸 낮은 성과물을 변호할 수는 없다.

뿌린 대로 거둔다

리더 자신이 성과에 대해서 책임을 질 수 있을 때, 함께 일하는 사람에게도 책임을 져야 한다고 요구할 수 있다. 그런데 책임을 진다는 것은 왜 중요할까? 책임을 진다는 마음가짐을 가져야 문제 해결책을 적극적으로 찾고, 기회를 창출할 수 있기 때문이다. 아무리 풍부한 자원과 넉넉한 시간이 주어지더라도 누군가에게 책임을 돌릴 수 있다는 심적 의존 상태에 놓이면 문제 해결이나 기회 창출은 불가능하다.

그러나 리더 역시 인간이기에 항상 변명거리를 찾으려는 유혹에 빠지게 된다. 모든 것들이 다 이유가 될 수 있다. 그리고 자신의 낮은 성과를 정당화할 수 있는 상황이나 환경을 둘러대는 일은 그다지 어렵지 않다.

책임을 지려고 하지 않는 리더가 만들어내는 심각한 부작용은 자신과 함께 일하는 구성원들에게 심적 의타심을 불러일으킨다는 점이다. 그로 인해 구성원들은 자신이 가진 문제의 해결책을 내부에서 찾지 않고 외부에서 찾게 된다. 또한 이런 일들을 부추기는 리더가 존재하는 사회라면 필연적으로 시기나 질투의 제도화 작업이 이루어지게 된다.

그런데 책임감은 심적으로 과중한 부담감이나 중압감으로 다가오기 때문에, 리더들 역시 가급적 심적 부담감을 떨쳐버리려고 한다. 지나간 역사에서, 이따금 리더 자신뿐만 아니라 구성원들의 심적 부담감을 덜어 주기 위해 적극적으로 노력하는 리더를 볼 수 있다. 결국 포퓰리즘(민중주의)과 같은, 정치적 목적을 위해 공동체 구성원들 개개인에게 책임감을 면죄해주는 일과 그 맥을 같이한다.

그런데 세상살이에서 분명한 한 가지 사실은 공짜는 절대 없다는 점이다. 뿌린 대로 거두게 마련이고 책임을 지지 않으려는 선택은 단기, 중기, 장기에 걸쳐서 언젠가는 누군가 비용을 지불해야 하는 결과로 끝을 맺게 된다.

'자신의 행위에 대해서 책임을 지기 위해 최선을 다하자'는 것은 문제 해결을 위해 결연한 마음가짐과 적극적인 태도를 표명하는 것과 분리해서 생각할 수 없다. 어떤 경우든 공동체의 리더는 구성원들의 책임감을 면해주려는 시도를 해서는 안 된다. 자신의 처지를 도저히 개선할 수 없는 사람들을 도와주는 것과 자활 의지를 꺾는 것은 별개의 문제이기 때문이다.

2차 세계대전이 끝난 이후 서구의 많은 국가들이 복지국가를 지향해왔고 이것의 후유증을 겪게 되었다. 뿐만 아니라 일부 국가는 사회주의나 공산주의라는 체제 실험을 통해 엄청난 비용을 지불하였다. 이런 선택은 개인적인 책임을 면죄해주려는 사회적 실험이라 할 수 있다.

'우리가 지금 이처럼 힘드는 것은 과거가 남긴 마이너스, 즉 부(負)의 유산 때문이다'라고 리더가 생각하면 그다음에 나오는 결과는 깊이 고민하지 않더라고 쉽게 예상할 수 있다. 그런 리더는 현재의 부진함에 대한 모든 원인을 앞서 공동체를 이끌어간 사람들에게서 찾고자 한다. 마치 잘되면 내 탓이고 못되면 조상 탓이라는 옛말과 꼭 같은 상황에 빠지게 된다.

리더는 스스로 성과를 만들어내는 데 전적으로 책임을 지는 사람이라는 점을 명심하고 또 명심해야 한다. 리더는 앞선 정권이나 그 정권을 이끌었던 인물들로부터 어떤 유산을 물려받았든 간에 자신의 재임 기간 동안 이루어진 모든 결과에 대한 책임을 지겠다는 생각을 해야 한다.

그 순간 비로소 리더는 스스로를 벼랑 끝에 세우게 된다. 그리고 더 이상 물러설 곳이 없다는 마음가짐을 갖고 도전 과제들을 대할 때 문제 해결의 가능성이 한층 높아진다. 트루먼 대통령이 "책임은 여기서 멈춘다"는 경구를 통해 자신을 독려하였던 이유 역시 인간적인 유혹에 빠져버릴 수 있는 인간의 한계를 잘 알고 있었기 때문이 아닐까?

리더가 스스로 책임을 진다는 것은 어느 날 갑자기 새로워져야겠다는 결심과는 다른 차원의 문제다. 그것은 한 인간이 성장해오면서 어떤 삶의 궤적을 걸어왔는가와 깊은 관련이 있다. 스스로 책임을 지려고 노력하고 이를 위해 노력하는 자세는 한 인간의 마음가짐과 깊은 관련이 있기 때문이다.

한편 조직을 이끄는 리더의 경우는 공동체의 리더와는 달리 책임을 지는 일이 비교적 보편적인 일로 자리 잡고 있다. 조직의 경우 인사권이 언제라도 행사될 수 있기 때문이다. 주주 자본주의는 기업의 리더에게 엄격한 기준을 제시한다. 게다가 최근에는 적극적으로 주주들이 행동하는 주주 행동주의까지 보편적인 현상으로 자리를 잡으면서 기업 가치를 극대화하는 데 실패한 경영자들이 숨을 공간이 거의 없는 실정이다.

스스로 책임을 져야 한다는 마음가짐을 가진 다수의 사람들이 지배하는 공동체는 자립자존 정신이 시대정신으로 자리 잡게 된다. 그 결과 좋은 성과가 만들어질 수밖에 없다. 그것을 가능하게 하는 결정적인 요소는 바로 리더 스스로 책임을 지려는 마음가짐을 갖는 것이다.

절대절명의 위기 순간에도 책임감으로 무장하라

리더의 책임감을 떠올릴 때 늘 머리 한 켠을 차지하는 사람이 있는데 바로, 1914년 12월 5일 남극대륙 횡단 탐험대를 이끌고 남빙양에 있는 사우스조지아 섬에서 인듀어런스 호의 돛을 올렸던 어니스트 섀클턴이다. 사우스조지아 섬을 출발한 인듀어런스 호는 1915년 10월 27일, 목적지를 150킬로미터 앞두고 웨들해의 부빙들 사이에 갇혀 항해를 중단해야 했다. 인듀어런스 호는 얼음의 압력으로 부서지고, 구명보트 세 척과 비상식량에 의존한 채 그때부터 생존을 향한 사투가 시작되었다.

탐험에 참가하였던 인물들이 남긴 일기와 항해일지 그리고 놀라울 정도의 사실적인 사진들은 세월을 뛰어넘어 그들의 투쟁 과정을 오늘날까지 생생하게 전달하고 있다.

대원들의 생존을 책임진 섀클턴은 고심 끝에 1916년 4월 20일, 구조를 요청하러 사우스조지아 섬으로 가겠다는 내용을 대원들에게 선언한다. 마침내 4월 26일 섀클턴은 다섯 명의 대원을 이끌고 6미터짜리 구명보트를 타고 신에게 운명을 맡긴 채 항해에 나선다.

그는 자신의 자리를 대신해서 대원들을 독려하고 발생 가능한 분규를 줄일 수 있는 사람으로 프랭크 와일드를 선택한다. 섀클턴은 와일드를 불러서, 만일 구조대가 실패하였다고 판단되면 22명의 대원들을 데리고 앨리펀트 섬에서 출발해서 남은 두 척의 구명보트를 타고 이웃한 디셉션 섬으로 가라는 명령을 내린다. 그리고 와일드와 탐험 사진 담당 프랭크 헐리에게 각각 다음과 같은 문서를 남긴다.

죽음을 맞이하게 될 위험 앞에서도 의연함을 잃지 않고 리더로서의 책임을 다하는 모습을 생생하게 보여주는 문서이다.

프랭크 와일드에게

사우스조지아 섬까지의 보트 여행에서 내가 살아남지 못할 경우 당신은 대원들의 구조를 위해 최선을 다해야 할 것이다. 보트가 이 섬을 떠나는 즉시 당신은 총지휘를 맡게 될 것이며, 모든 대원들은 당신의 명령에 따를 것이다. 영국으로 돌아가면 위원회와 연락하는 일을 당신이 맡게 될 것이다. 당신과 오들리 그리고 헐리가 책을 썼으면 한다. 당신은 나의 동업자들을 만나게 될 것이다. 대영제국과 유럽 대륙에서 당신이, 그리고 미국에서 헐리가 강연할 계획이 또 다른 편지에 적혀 있다. 난 당신을 전적으로 신임하며 당신의 삶과 인생에 하나님의 축복이 함께하길 빈다. 나를 아는 사람들에게 나의 애정을 전해줄 것과 네가 최선을 다했다는 말을 해주길 바란다.

1916년 4월 23일

앨리펀트 섬에서 어니스트 섀클턴

관계자 제위, 즉 나의 유언 집행인에게 명하는 바임.

아래와 같은 내용에 이어 본인의 서명이 첨부되었음.

사우스조지아 섬까지의 보트 여행에서 살아남지 못할 경우, 본인은 이 탐험 기간 동안 찍은 모든 필름의 사진 현상 및 그것의 경제적 이용을 위한 모든 책임과 관리를 프랭크 헐리에게 맡길 것과, 응분의 경제적 이용 후에는 모든 필름의 소유를 프랭크 헐리에게 양도한다는 것을 본 유언장을 통해 명시함. 나의 유언 집행인에게 지불될 돈은 탐험 출발시에 작성한 계약서에 의거함. 경제적 이용권은 처음 공개한 날로부터 18개월 후에 만료됨.

본인은 대형 쌍안경을 프랭크 헐리에게 양도함.

1916년 4월 21일

어니스트 섀클턴

증인 존 빈센트

- 알프레드 랜싱, 《섀클턴의 위대한 항해》, p.236, 238,
캐롤라인 알렉산더, 《인듀어런스》, pp.117~118.

섀클턴이 남긴 두 개의 문서를 읽으면서 '계약 사회란 이런 것이구나'라는 사실을 새삼 느낄 수 있었다. 동시에 자신의 운명을 가늠할 수 없는 상황에 처한 한 인간이 '이처럼 담담하게 사후를 정리할 수 있구나'라는 것도 생각하게 되었다.

섀클턴과 다섯 명의 대원은 천신만고 끝에 사우스조지아 섬에 도착하였고, 섀클턴은 구조대를 이끌고 가서 나머지 대원들을 무사히 구출하였다. 1916년 8월 30일, 2시 10분의 일이다. 훗날 푼타아레나스에 도착하여 섀클턴이 아내에게 보낸 편지에는 "드디어 해냈소. 한 사람도 잃지 않고, 우리는 지옥을 헤쳐나왔소"라고 적혀 있었다.

지옥을 헤쳐나올 수 있었던 원동력은 아마도 자신이 이끄는 사람들을 보호해야겠다는 책임감이 아니었을까? 리더란 절대절명의 상황에서조차 자신이 이끄는 사람들의 안위를 책임질 수 있어야 한다는 사실을 잘 보여주는 사례다.

04
부분을 대표하는
리더가 되어서는 안 된다

리더는 항상 사람들을 대함에 있어서 공정성이란 덕목을 잊지 말아야 한다. 물론 자신이 그 자리에 올라가기까지 자신에 대한 선호를 다르게 표현한 사람들도 많을 것이다. 하지만 일단 조직이나 공동체의 리더가 되면, 그때부터는 자신에 대한 호감을 표현했던 사람들뿐만 아니라 그렇지 않았던 사람들 모두의 대표자가 된다.

그런데 이런 점을 잃어버리는 리더가 종종 있다. 이들의 마음속에는 편협함이 지배하고 있는 경우가 많다. 또한 적과 아군을 구분하는 이분법적인 사고 때문에 상황을 어렵게 만드는 경향이 강하다. 물론 후일을 기약한다는 점에서 볼 때 자신이 가진 권한 범위 내에서 이익을 나누어 갖는 것은 당연히 보일 수도 있다. 실제로 이익의 배분이 리더 자신에게 이득이 되기도 한다.

항상 '누가'가 아닌 '무엇이 올바른가'를 생각하라

오래전에, 친하게 지내던 분과 리더의 권한 배분에 대해 대화를 나눈 적이 있다.

> 공 박사, 나는 눈 딱 감고 학연, 지연, 혈연 등을 가리지 않고 내게 도움이 된다면 충분히 활용하는 것이, 옳고 그른 면에서는 문제가 있을지 모르지만, 실용적인 면에서는 합리적이라고 생각하네. 내가 만일 저분처럼 리더의 자리에 오르게 되면 확실히 챙겨주어야 할 사람은 챙겨줄 생각이네. 그래야 내게 충성을 바칠 것이 아닌가. 그렇게 하다 보면 자연히 소외되는 사람도 생기겠지만 어쩔 도리가 없지 않은가? 공정하게 대해봤자 결국 실리라는 면에서 리더가 얻을 수 있는 것은 거의 없기 때문에 우리 조직 문화에서는 여전히 편 가르기기 성행할 수밖에.

당시 필자는 그분의 말에 다소 충격을 받으며, 공정성이란 문제에 더 비중을 두어야 한다고 반대의사를 표하였다. 하지만 '나와 상당한 차이가 있구나'라고 생각하고 설득하는 일을 포기하였다. 그것은 한 인간의 마음이나 믿음에 관련된 문제이기 때문에 설득 대상이 될 수 없다고 생각했기 때문이다. 오래전에 나누었던 이야기임에 불구하고, 한 인간이 사람을 대하는 마음가짐 가운데 중요한 부분을 드러내는 이야기라서 여전히 기억 속에 남아 있다. 필자는 과거나 지금이나 '리더는 공정해야 한다'고 생각한다.

리더가 공정성을 갖지 못하면 어떤 문제가 발생할까? 부작용을 예상하는 것은 그리 어렵지 않다. 예를 들어 만일 기업을 맡게 된 리더가 자신이 편애하는 사람들을 중심으로 사조직을 형성한다면, 그 결과 사조직에 속한 사람들은 리더를 위해 충성을 다 바치겠지만 나머지 사람들은 철저히 소외감을 느끼게 될 것이다. 자신이 좋아하는 사조직 사람들의 능력만으로는 조직의 성과를 극대화하기 어렵다.

내부 제보라는 것도 이런 이유 때문에 발생하는 경우가 많다. 물론 내부 제보를 할 만한 문젯거리를 만들지 않는 것이 더욱 중요하겠지만, 안타깝게도 내부 제보 때문에 심각한 타격을 입는 기업들을 볼 때마다 리더가 인간을 대함에 있어서 공정하게 대하는 일이 얼마나 중요한가를 다시 한번 생각하게 된다.

한 기업의 대표이사가 자신이 젊은 날 경험하였던 '공정성'에 대한 사례를 들려주었다. 그가 몸담았던 기업은 늦게 생겨난 모그룹의 계열회사였다. 자연히 여러 계열회사로부터 사람들이 파견되어 조직이 형성되다 보니 출신 계열 기업에 따라 파벌이 생겨났고, 새로운 대표이사가 취임할 때마다 자신의 이익을 극대화하기 위해서 파벌을 이용하였다. 조직이 공동의 목적을 추구하기보다는 오히려 각 파벌의 이익을 내세우게 되자 많은 부작용이 발생하였다. 그래서 그는 훗날 자신의 기업을 설립하여 대표이사가 되었을 때, 항상 '누가 올바른가' 대신에 '무엇이 올바른가'를 중심으로 의사 결정을 내리는 것을 원칙으로 삼았다고 한다.

기관장을 하다 보면 일을 잘하는 사람과 그렇지 못한 사람들이 눈에 들어오게 마련이다. 그런 일들이 반복되다 보면 자연히 한 사람이나 하나의 그룹을 편애하는 상황이 벌어지게 되는데, 이런 점들을 각별히 조심해야 한다. 조직 구성원 전체의 능력을 극대화하는 데 커다란 장애 요인이 되기 때문이다.

공정성이란 사실 인간이 가진 정상적인 마음가짐이라고 보기는 어렵다. 인간은 누군가와의 감정적인 친밀감을 좋아하기 때문에 공정성보다는 편애하는 상태를 선호한다. 그렇기 때문에 더더욱 리더는 누구를 대하든 간에 어떤 문제를 대하든 간에 스스로 공정하게 처신할 수 있도록 노력해야 한다. 결국 공정성은 마음의 훈련이 낳는 결과물이라 할 수 있다.

리더는 공정성을 갖추어야 한다

'팔은 안으로 굽는다'는 이야기가 있듯이 자신의 편을 중심으로 정책을 구상하고, 자신의 편에게 이익을 가져다주고 싶고, 자신과 다른 견해와 관점 그리고 배경을 가진 사람들에게 자신이 가진 힘을 휘두르고 싶은 것이 인지상정이다.

그런 탓에 자신의 전통적인 지지 기반의 호감을 얻기 위해 철저하게 이분법적인 접근 방법으로 적과 아군을 구분해서 대하는 리더가 있다. 그 결과 공동체는 마치 모래알처럼 흩어지고 분열, 갈등, 분쟁이 증폭되는 상황이 발생하게 된다.

이런 상황에 계속되면 자신의 전통적인 지지 기반은 열광할지 모르지만 그 반대편에 있는 사람들은 저항하거나 아니면 마음의 문을 닫는다. 저항은 눈에 보이기 때문에 그 폐해가 금세 드러난다. 반면 마음으로부터 나오는 냉소나 반감은 눈에 보이지는 않지만 그 효과는 매우 위력적이다. 편애하는 데 익숙한 리더들은 그런 움직임을 애써 무시해버리려고 한다. 그러나 한 가지 분명한 사실은 아무리 무시해도 그것의 파괴적인 효과는 없앨 수 없다는 점이다.

특히 리더가 작심을 하고 특정 그룹을 미워하거나 소외시키는 경우, 그들의 자발적인 동참이나 협조를 기대하기 힘들다. 그런데 만약에 소외시키는 그룹이나 집단이 실질적인 부를 소유하고 있고 부를 창출할 수 있는 두뇌와 창조성과 같은 눈에 보이지 않는 자원을 갖고 있다면 어떤 일들이 발생할까? 분명 사회 전체에 저성장과 활력 상실이란 부작용을 낳게 될 것이다.

이런 점에서 한 전직 대통령의 "전통적인 지지 기반을 되찾아라"라는 권고는 그다지 합리적인 것 같지 않다. 전통적인 지지 기반의 호감을 사기 위해서 차별적인 조치를 취해서는 안 된다. 그러나 그것은 정도를 걷는 정치가가 해야 할 일이 아니다. 도량이 크고 공동체의 앞날을 멀리 내다보는 리더라면, 집권 전과 집권 후의 태도는 달라져야 한다.

사회를 구성하는 각각의 그룹들을 원칙에 따라 보편타당하게 대해야 한다. 그리고 이해관계가 첨예하게 충돌할 때면 원칙을 갖고 각각의 그룹들을 설득할 수 있어야 한다. 그렇게 될 때만이 다양한 사람들을 설득할 수 있다. 그렇지 않고 자신의 편애, 선호, 이익을 바탕으로 사회를 이끌어가다 보면 결국 '전부의 리더가 아니고 부분을 대표하는 리더'로 전락하고 만다. 이런 점에서 공동체를 이끄는 리더의 공평무사함이란 매우 중요한 덕목이라고 할 수 있다.

그래서 우리가 공동체를 대표하는 리더를 선택할 때는 공정성이란 면을 중심으로 '불편부당한 인물인가?'라는 질문을 던져볼 필요가 있다. 편을 가르는 데 앞장 서고, 특정 집단을 위하는 것이 정의로운 일이라고 생각하는 사람이라면 그는 리더로서 자격이 없을 것이다.

05
인간에 대한
낙관적인 견해를 가져라

리더가 사람들을 어떻게 바라보는지, 즉 인간에 대해서 어떤 관점을 갖고 있는가에 따라 리더가 구성원들을 이끄는 방식이 결정된다.

인간을 바라보는 관점은 크게 두 가지로 나눌 수 있다. 두 가지 관점 모두 평소 인간에 대해서 어떤 견해를 갖고 있느냐에 따라 결정된다.

첫째, 인간은 얼마든지 상황을 개선하고 스스로 자신 앞에 주어진 문제를 해결할 수 있는 힘을 갖고 있다는 관점이다. 이른바 인간에 대한 낙관적인 견해를 갖는 것을 말한다. 둘째, 조직 구성원 각자는 자신에게 주어진 일을 수동적으로 해나가는 존재에 불과하다는 관점이다. 규율과 규제가 없으면 제대로 활동할 수 없으며, 때로는 지원과 같은 도움이 없으면 스스로 문제를 해결할 가능성이 거의 없다는 견해, 즉 인간에 대한 비관적인 견해를 갖는 것을 말한다.

전자의 인간관을 갖고 있는 리더는 자율과 책임을 강조하고, 자신의 역할을 구성원 각자의 역량을 최대한 발휘할 수 있도록 돕는 데 주력하는 것으로 한정시킬 것이다. 반면에 후자의 인간관을 갖고 있는 리더는 자신이 직접적으로 도울 수 있는 다양한 방법을 찾을 것이고 개인의 활동에 이런저런 개입을 강화할 것이다. 자연히 자율과 책임보다는 규제와 지원이 주를 이룰 것이다.

사람에 대한 믿음이 위기를 극복하게 만든다

오랜 기간 동안 만성 적자로 심각한 경영 위기에 처한 닛산 자동차의 구원 투수로 파견된 카를로스 곤은 닛산 자동차로 가면서 문제 해결을 위해 외부에서 수혈한 대규모 컨설턴트를 동반하지 않았다. 점령자의 모습으로 닛산 자동차에 등장한 것은 아니라는 얘기다.

그 이유는 명확하다. 그는 자신과 함께 일하게 될 임직원들이 이미 문제를 정확히 알고 있으며 해결책도 갖고 있을 것이라고 믿었기 때문이다. 자신이 해야 할 일은, 현장에서 일하는 개개인들이 스스로 해법을 적극적으로 찾아내고 구체적인 행동을 하도록 유도하는 일이라고 생각하였다. 이는 카를로스 곤이란 인물이 가졌던 인간관을 간접적으로 드러내준다. 누구나 자신의 분야와 관련해서 얼마든지 유능함을 발휘할 수 있다고 본 것이다.

'해결은 닛산의 손으로'라는 글에서 카를로스 곤은 이렇게 회고한 바 있다.

닛산이 안고 있는 문제의 해결책은 사내에 있었다. 내가 그렇게 확신하게 된 것은 미팅에서 어떤 문제에 대한 해결책을 물었을 때였다. 나의 질문에 참가자들이 아주 자연스럽게 여러 가지 제안과 해결책을 제시한 것이다. 외부 컨설턴트에게 닛산 재건 계획을 의뢰하는 것은 분명 잘못된 일이었다. 몇 번의 토론 끝에 우리는 다음과 같이 합의했다.

"신뢰성을 확보하기 위해서라도 이 계획은 닛산 내부에서 수립한다. 그렇게 해야 '이것은 우리들이 세운 계획이다. 이것은 우리들의 것이다'라고 당당하게 말할 수 있다. 그렇다면 이제 그 계획을 어떻게 수립할 것인가?"

대답은 복합기능팀(Cross Funtional Team, CFT)의 설립이었다.

— 카를로스 곤, 《르네상스》, pp. 187~188.

구조조정이란 가혹한 시련기를 헤쳐나간 기업들의 사례에서 우리는 리더가 가진 인간관이 기업의 앞날과 임직원들의 미래에 어떤 영향을 미치는지 확인할 수 있다. 외환위기라는 암초를 만났던 (주)벽산을 이끌었던 김재우 전 사장(현재 아주그룹 부회장)은 '인간은 실의나 좌절 속에서도 스스로의 힘으로 자신을 세울 수 있는 존재'라는 인간관으로 회사의 부활을 가져왔다. 그는 구조조정을 통해 감원된 직원들 가운데 영업 부문 인력 100여 명을 벽산의 상품을 판매하는 사내기업가로 탈바꿈시켰다. 새로운 제휴관계는 기대 이상의 효과를 낳았다. 사내기업가 제도의 도입은 사람에 대한 믿음 없이는 탄생할 수 없는 제도다.

사내기업가 제도가 보기에는 인력 감원과 맞물려 보여서 소위 짤린 것처럼 보이지만 기업 내 소사장 제도로서 효과적으로 운영만 하면 아주 획기적인 사업 계기이기도 했다. 그렇게 해서 전국에서 백 여개의 사내기업가가 탄생되었고 회사도 강력하게 유통구조의 개선을 시행할 수 있었다. 사내기업가들도 열심히 영업과 사업을 일궈내 몇 개월 뒤 대부분의 사내기업가가 자리를 잡는 계기를 보였다. 물론 회사도 거래처의 질을 양질로 개선하였으니 영업이익이 개선되는 성과를 거두었을 것이다.

또 사내기업가는 벽산이 주창하는 임파워먼트의 효과를 여실히 느끼게 한다. 사내기업가는 벽산의 직원에서 개인사업자로 개인적인 소속이 달라지긴 했어도 벽산의 제품을 판매한다는 역할은 그대로이다. 그런데 이들은 과거의 수동적이던 모습에서 스스로 책임과 권한을 다하는 모습으로 변신을 했다.

똑같은 역할에 대해서 임하는 태도가 달라지자 일의 결과는 몰라볼 정도로 좋아졌다. 스스로 자신의 업무를 실행하기 전에 기업 이윤의 원천인 제품의 원가 분석을 거치고 의사 결정을 하므로 결과는 좋아질 수밖에 없다. 책임과 권한의 확대를 통해 그들 스스로 생존의 원리를 깨달아가고 있는 것이다.

– 벽산 김재우 사장과 임직원, 《거봐! 안 망한다고 했지》, pp. 110~111.

김재우 전 사장이 그런 선택을 한 배경에는 어떤 이유가 있을까? 그것은 사람을 어떻게 바라볼 것인가와 밀접하게 연결되어 있다. 당시 회사가 절대절명의 상황에 처해 있었을 뿐만 아니라 구조조정은 사회적으로 거부할 수 없는 대세였기 때문에 사람을 내보내는 일이 그다지 어렵지 않았을 것이다. 외환위기 이후의 1~2년 동안은 평소와는 비교할 수 없을 정도로 위기 상황이었기 때문이다.

그는 30년간 삼성에서 뼈가 굵은 삼성맨 출신이다. 1975년 혼자서 사우디아라비아의 군복을 수주한 금액이 1억 100만 달러였기에 그의 별명이 101로 통할 정도로 고출세 가도를 달리던 인물이었다. 그런 그에게도 역경이 찾아왔다. 1994년, 삼성을 떠나면서 휴지기를 갖게 된 것이다. 한 인터뷰에서 당시의 예상하지 못한 상황이 자신의 인간관을 형성하는 데 커다란 영향을 미쳤음을 회고하였다.

"그 시절 제 삶을 비로소 돌아보게 되었지요. 어, 내가 왜 아래로 구르게 됐지? 이유는 뭐지? 아내와 함께 여행을 가서 여러 가지로 깊은 생각을 해보았지요. 아마 그 시절의 사색이 없었더라면 오늘날의 내 모습은 없었을 것입니다. 성공을 향해 달려나가는 열정은 나를 더 높은 곳에 닿을 수 있도록 도와주었다고나 할까요. 이를 통해 나는 세상을, 인간을 바라보는 새로운 눈을 갖게 되었습니다. 만일 그 추락을 제대로 활용하지 못했더라면 나는 결코 '인생의 발효'가 무엇인가를 알지 못했을 것입니다."

그는 '목우가풍(牧牛家風, 소코뚜레처럼 자기 코뚜레를 뚫는다)'이라 비유를 했다. 자기를 구박하기보다는 스스로 용기를 주며 자기 운명의 코뚜레를 스스로 뚫고 이끌어나가야 한다는 책임감을 격려하는 말이다. 근본에 대해 돌아보고, 어떻게 살아야 하나 스스로에게 원초적 질문을 던져보았다. 그 같은 관조의 시간을 통해 남에 대한 공감

능력과 세상을 설득하는 표현력을 얻을 수 있었다. 대규모의 감원해야 했던 직원들을 대부분 사내기업가로 탈바꿈시켜 제휴 관계로 인연을 맺게 한 것도 그 또한 같은 경험을 겪었던 것과 무관치 않다.

– 김재우, '구조조정의 명승부사', 《세계일보》, 2005. 10. 10.

믿음은 넉넉함과 관용으로 그 모습을 드러낸다

조직을 이끄는 리더의 인간관이 이 정도의 영향력을 행사하게 된다면, 공동체를 이끄는 리더의 인간관은 이와 비교할 수 없을 정도로 커다란 영향력을 발휘하게 된다. 적절한 조건만 주어지면 인간은 얼마든지 자신의 상황을 개선하기 위해 노력할 수 있는 존재라는 관점을 가진 리더라면 음모론이나 이분법으로 세상을 바라보지 않을 것이다. 개개인이 자발적인 교환을 통해서 광범위한 거래망에 참가할 수 있도록 돕는 것이 자신이 할 일이라고 생각할 것이다.

하지만 힘과 돈을 가진 인간들이 세상을 그들의 방식대로 이끌어가고자 하는 불순한 의도를 가고 있다고 판단하면, 그런 리더가 선택할 수 있는 정책은 크게 달라질 것이다. 리더의 인간관이 어떠한지 직접 확인할 수는 없다. 그러나 우리는 리더의 말이나 글을 통해서 이를 짐작할 수 있다.

인간에 대한 믿음을 가지고 있는 리더는 넉넉함과 관용을 보여준다. 반면에 강퍅함이나 투쟁적인 언어를 사용하는 리더는 전자와는 전혀 다른 인간관을 갖고 있음을 보여준다. 공동체의 리더가 후자의 관점을 갖고 있다면 공동체의 구성원들은 피곤할 것이다. 왜냐하면 늘 투쟁하고 음모를 꾸미는 인간들로 가득 찬 세상으로 매사가 비추어질 것이기 때문이다. 또한 공동체가 만들어낼 수 있는 성과가 기대 수준 이하가 될 것이라는 사실은 불을 보듯 뻔한 일이다.

3부
희망의 리더십을 위한 제언

다가올 미래를 대비하기 위해 한국 사회 곳곳에서 어떤 리더가 배출되어야 하는지,
각 부문에서 리더를 지향하는 사람들은 어떤 점을 주목해야 하는지를 다루었다.
그런 리더를 만들어내는 일은 우리 모두의 현명함이 더해질 때 가능해진다.

01
정치 리더 :
공동체의 요구에 순종하라

하나의 공동체는 선거제도라는 정치 과정을 통해서 리더를 뽑고, 그에게 일정 기간 동안 권력을 위임한다. 대부분의 나라들이 권력에 대한 상호 견제와 균형을 유지하기 위해 행정, 입법, 사법으로 이루어지는 삼권분립에 준하는 제도를 채택하고 있다. 하지만 선진국을 제외한 대다수 국가들의 경우 행정부의 수장, 즉 대통령에게 과도하다고 할 정도의 권한이 위임되어 있다.

우리나라도 이런 점에서 예외가 아니다. 그래서 정권이 바뀔 때마다 '제왕적 대통령' 제도 개선을 위한 의견이 분분하지만, 문제 제기를 넘어서 제도나 관행의 개선을 통해 실천으로 옮겨지기에는 어려운 점이 한두 가지가 아니다. 따라서 대통령과 같은 최고 자리에 앉은 리더가 어떤 세계관을 갖고 있으며, 어떻게 말하고 행동하는가는 대단히 중요한 문제라고 할 수 있다.

물론 권력의 정점에 있는 대통령뿐만 아니라 지방자치단체를 이끄는 리더들이나 입법부에서 활동하는 국회의원들의 경우도 그 중요성을 무시할 수 없다. 길지 않은 지방자치단체의 역사를 보더라도, 리더의 역량에 따라 긍정적인 방향으로 커다란 변화를 경험한 지방자치단체가 있는 반면에, 별다른 변화 없이 그저 시간만 흘려보낸 곳도 있다. 이런 성과들은 리더의 역량과 리더십에 좌우된다. 그렇다면 정치 분야에서 한국을 이끌고 있는 리더들은 지금 무엇을 해야 하며, 앞으로 어떻게 행동해야 하는 것일까?

시대가 리더에게 무엇을 요구하는지 정확히 알아야 한다

리더에겐 시대적 소임이란 것이 있게 마련이다. 이를 찾아내는 것이 리더의 중요한 임무다. 그렇다면 정치 분야의 리더들이 시대적 소임을 찾아내려면 어떻게 해야 할까? 먼저, 자신이 이끌고 있는 공동체를 둘러싸고 어떤 변화가 일어나고 있는지, 그런 변화들의 본질은 과연 무엇인지, 그런 변화들이 공동체와 구성원들에게 무엇을 요구하는지를 정확하게 파악하기 위해 노력해야 한다.

이때, 시대의 변화를 있는 그대로 받아들이지 않고, 자신이 가진 선입견이나 고정관념을 기준으로 받아들여서는 안 된다. 그 결과 공동체를 엉뚱한 방향으로 이끌어가게 되고, 공동체가 가진 자원과 시간을 낭비하게 된다.

모든 선택에는 비용이 따르게 마련이다. 국가나 지방자치단체를 이끄는 일은 한정된 자원을 합리적으로 배분해서 현재와 미래라는 시간의 흐름 속에서 최고의 성과를 올리는 일과 밀접하게 연결되어 있다. 따라서 리더의 잘못된 상황 인식은 자신이 이끄는 공동체에 커다란 비용을 안겨준다.

급속히 변화하는 시대의 중심에는 '고객(clients)'이란 단어가 놓여 있다. 국가의 경영이든 지방자치단체의 경영이든, 군림이란 단어 대신에 고객에게 봉사한다는 단어가 위치할 수 있어야 한다. 리더는 고객들이 무엇을 원하는지, 그리고 고객들로 하여금 현재와 미래를 준비하게 하려면 어떻게 행동해야 하는지를 생각해야 한다. 또한 고객들이 자신이 몸담고 있는 공동체가 '정말 매력적인 곳이다'라고 이야기할 수 있도록 만들어야 한다.

리더의 자리란 섬김을 받는 자리가 아니라 시대의 변화에 맞추어서 고객들로 하여금 스스로 열심히 준비할 수 있도록 돕는 자리라는 사실을 자각하면 리더의 언어나 행동도 달라질 수밖에 없다.

희망과 낙관으로 채색된 비전을 제시할 수 있어야 한다

대다수 생활인의 입장에서 현재가 만족스러울 수는 없다. 그래서 더더욱 사람들은 꿈과 희망을 갖고 살아가고 싶어 한다. 현재의 고난이나 어려움을 거뜬히 물리칠 수 있는 힘은, 앞으로의 삶이 더 나아질 수 있다는 그런 낙관적인 믿음을 가질 때 생겨난다. 특히 오늘날처럼 변화가 급속히 일어나고 앞을 내다보는 일이 점점 어려워지는 상황에서, 사람들은 막연한 불안감과 불확실함, 상대적 박탈감에 시달리게 된다. 이때 정치 분야의 리더가 맡아야 할 중요한 임무 가운데 하나는 공동체가 나아갈 길에 대한 또렷한 비전을 설정하고 이를 확산시켜나가는 일이다. 그래서 필자는 "리더는 희망과 낙관을 판매하는 세일즈맨이다"라는 표현을 강조하고 싶다.

나아가야 할 방향을 상실한 공동체는 무기력함과 혼란을 겪는다. 이때 구성원들이 가진 에너지는 외부가 아니라 내부로 향하고, 그 결과 구성원들은 무의미한 논쟁과 분쟁, 갈등이라는 비생산적인 활동에 에너지를 쏟아 붓게 된다. 동시에 비전이 없는 공동체의 구성원들은 자칫 과격해지기 쉽고, 이를 이용하려는 불순한 사람들이 대거 등장해서 불만을 토대로 공동체는 엉뚱한 방향으로 나아가기도 한다. 따라서 리더는 공동체가 나아가야 할 바를 분명하게 제시하는 일에 자신의 역량을 다해야 할 것이다.

있는 그대로를 볼 수 있어야 한다

리더는 자신이 이끌고 있는 공동체의 연약하고 부정적인 면에 사로잡혀서는 안 된다. 전체를 균형 잡힌 시각으로 조망할 수 있도록 노력해야 한다. 공동체가 무엇을 갖고 있는지, 있는 그대로 바라볼 수 있다면 과거와 현재의 일들을 편협함이 아니라 너그러운 시각으로 바라볼 수 있을 것이다. 우리의 근·현대사에 굴곡진 부분이 일부 있긴 하지만, 평균적인 모습에서 볼 때 어디에 내놓아도 부끄럽지 않은 역사이다. 게다가 우리가 그동안 만들어온 것 가운데는 세계가 부러워할 만한 것들이 많다(이 책을 시작하면서 앞부분에서 이미 우리가 갖고 있는 것들을 간단하게 정리하였다).

리더는 자신과 구성원들이 속한 공동체가 목표에 대한 기대 수준을 한껏 올릴 만한 조건을 충분히 갖추고 있다는 사실을 분명하게 인식해야 한다. 무엇을 갖고 있는지를 균형 감각을 갖고 바라볼 수 없다면, 가능성에 대해 낮은 기대 수준을 갖게 마련이다. 그러나 공동체가 정말로 많은 것을 갖고 있음을 정확하게 자각한다면, 공동체가 도달해야 할 미래의 모습에 대해서 더욱 높은 기대 수준을 갖게 될 것이다. 따라서 리더들은 우리의 공동체에 대해 기대 수준을 높게 잡아야 하고 이를 구성원들에게 적극적으로 설득할 수 있어야 한다.

통합과 화합을 지향해야 한다

다양한 사람들이 함께 살아가는 공동체는 항상 이해관계가 충돌하고 약간은 떠들썩할 수밖에 없는 곳이다. 그러나 리더는 성장을 추구함과 동시에 통합과 화합을 지향해야 할 두 가지 임무를 가지고 있다. 리더는 자신의 언행을 통해서 갈등과 분쟁 대신에 통합과 화합을 지향할 수 있도록 각별히 노력해야 한다. 특정 집단이 심한 소외감을 느낄 정도의 발언과 행동은 삼가야 한다. 리더들은 항상 '우리'라는 단어와 '함께'라는 단어를 즐겨 사용해야 한다.

근래 한국 사회는 필요 이상으로 사회적 갈등과 분쟁에 귀한 에너지를 낭비하고 있다. 이것을 피할 수 없는 요인도 일부 있겠지만, 정치 분야의 일부 리더들이 의도적으로 조장하고 있는 듯한 인상을 지울 수 없을 때가 많다. 세상에는 이용할 수 있는 것과 이용할 수 없는 것이 있다. 지역이나 계층 사이에 의도적으로 갈등과 분쟁을 일으킴으로써 정치적 이득을 획득하고자 해서는 안 된다.

중·장기적으로 볼 때 스스로 분열을 조장하는 그런 욕망을 자제할 수 없는 리더들이 정치적인 불이익을 받을 수 있도록 감시·감독하는 단체나 활동들이 필요하다. 그러나 무엇보다도 정치 분야의 리더들 스스로 자신들의 진정한 역할은 내부에서 적을 찾는 것이 아니라 외부에 있음을 자각해야 한다.

법질서 유지와 예측 가능성의 기반을 조성해야 한다

나라가 일자리를 만들어낼 수 있다고 주장하는 이들도 있지만 그것은 현실적으로 가능한 일이 아니다. 자원 이용의 효율성이란 면에서 보면 민간이 만든 일자리에 비해 턱없이 비효율적이거나 귀한 자원만 낭비하는 경우가 많다. 이곳에서 땅을 파서 저곳으로 옮기는 일과 같은 무의미한 일에 세금을 쓰고도 일자리를 창출했다고 자랑할 수도 있다. 실제로 이와 비슷한 일들이 지금도 일어나고 있다.

사회의 활력은, 제대로 된 일자리를 얼마나 만들어낼 수 있느냐, 그리고 더욱 높은 부가가치를 낳을 수 있는 일자리를 얼마나 지속적으로 창출해낼 수 있느냐에 달려 있다. 그것은 결국 현장에서 자신의 이익을 위해 노력하는 개개인의 의사 결정이나 의욕에 의해 결정된다. 투자는, 재산권을 보호해주는 공권력의 힘이 강할 때, 그리고 미래에 대한 예측 가능성이 높아질 때 활발하게 이루어진다.

상황이 급변해서 자신의 투자분을 회수하기 어렵다거나 자신이 가진 재산을 보호하기 힘들다는 판단이 서면 어느 누구도 적극적으로 투자에 나서지 않는다. 그런 사회를 지배하는 한 단어는 '현상 유지'라 하겠다.

자기 자신의 생존권 때문에 무리를 지어서 불법적인 행위를 하는 사람들이 자주 눈에 띈다. 이런 불법적인 행위에 대해 공권력이 '사회적 약자 보호'라는 명분을 내세워 재산권을 침해당하는 사람들을 보호하는 데 소극적이거나 이를 방치한다면, 투자 심리는 냉각될 수밖에 없다.

따라서 지속적인 성장을 통해서 사회의 활력을 만들어내려면 법질서 유지와 예측 가능성이라는 기반이 조성되어야 한다. 이 두 가지는 개인이나 기업이 행할 수 있는 일이 아니다. 다시 말해서 정치계에 몸담고 있는 리더가 아니면 어느 누구도 행할 수 없는 일이다. 이런 활동들을 통해서 정치 분야의 리더들은 다른 어떤 분야의 리더들보다 큰 가치를 창출할 수 있다.

정부는 작으면 작을수록 좋다

행정부의 수장이나 장관, 지방자치단체의 장은 공무원이나 준공무원 조직과 함께 일하게 되므로 자신의 권한을 확장하기 위해 조직을 키우려는 유혹에 빠지기 쉽다. 그렇기 때문에 집권 전에는 모두 '작은 정부'를 외치지만 '집권 후'에는 생각이 바뀌는 것이다. 그리고 실제로 공조직을 줄여나가는 일은 집권에 성공한 사람들의 정치적인 득실 면에서 거의 마이너스라고 할 수 있다. 이처럼 공무원 조직은 계속해서 성장해갈 수밖에 없는 속성을 갖고 있다.

재정적으로 국가적 재난과 같은 위기 상황을 만나지 않는 한, 공적 조직은 계속해서 성장 일변도를 걷는다. 이 같은 현상은 우리나라뿐만 아니라 다른 나라에서도 일반적으로 관찰되는 현상이다. 그러나 공조직의 규모나 인원수가 팽창될수록 그곳에 소요되는 자원의 양이 늘어나고 이를 위해 더 많은 세금을 부과할 수밖에 없다. 따라서 경제에 미치는 직·간접 효과는 생각보다 훨씬 크다.

깨어 있는 리더라면 공동체에서 간접 부문을 줄여나가는 일이야말로 매력적인 공동체를 만들어가는 중요한 조건 가운데 하나임을 깨달아야 한다. 여기서 리더의 정치적 신념의 중요성이 큰 역할을 담당하게 되는데, 작은 정부에 대한 신념을 갖지 않는 한 이를 성공시키기는 어렵다. 왜냐하면 이미 굳어져버린 이해관계 집단을 설득하는 일은 엄청난 정치적 부담이 되므로 상황이 최악에 도달하기 전까지는 누구도 기존 질서를 바꾸려 하지 않기 때문이다. 간접 부문의 규모를 줄이고 세금 부담을 경감시켜나가는 일은 이론적으로나 경험적으로 이미 충분히 증명된 사실이므로 정치 분야의 리더들은 이런 사실들을 기꺼이 받아들여야 한다.

보통 사람들과 함께 호흡하는 리더가 되어야 한다

아마도 이 시대를 살아가는 사람들이 기대하는 리더는, 보통 사람들의 애환이나 상황을 이해하기 위해 노력하는 리더일 것이다. 그리고 이를 위해 직접 현장을 방문해서 다양한 사람들의 이야기와 문제점을 경청하려고 노력하는 모습을 기대할 것이다. 그런 모습을 통해서 사람들은 행동하는 리더, 함께 호흡하는 리더의 모습을 머릿속에 그릴 것이다. 물론 그런 부분들을 '이미지 정치'라고 폄하하는 사람들도 있겠지만 이를 어떻게 보든 그렇게 하는 것만으로도 분명 가치 있는 일이라 하겠다.

리더는 현장을 순시하면서 보고서에서는 볼 수 없는 민생 현장을 파악할 수 있고, 이를 토대로 자신의 의사를 더욱 정확하게 전달할 수 있다. 또한 공동체의 앞날을 위해 자신이 해야 할 일을 정확하게 파악하는 데도 도움을 받을 수 있을 것이다.

정파적 이익을 초월해야 한다

대부분의 리더는 특정 정당에 속해 있기 때문에 정당의 정책에 반하는 선택을 하기는 어렵다. 그렇기 때문에 사람들은 특정 사안을 앞두고 공동체 전체의 이익이란 관점에서 자신의 언행을 결정하는 리더에게 신선한 충격과 감동을 느낀다.

실제로 우리가 리더를 뽑는 가장 중요한 이유는, 공동체 전체의 이익을 위해 의사 결정을 내리고 행동을 해달라는 요구라고 할 수 있다. 그러므로 리더는 항상 자신의 의사 결정이 사적인 이익이나 정파적 이득을 관철하지 않는지에 대한 경계를 게을리 하지 말아야 한다. 단기적으로 자신의 이익을 극대화할 수는 있을지 몰라도, 퇴임 후 자신이 내린 의사 결정이 어떤 결과를 낳게 되는지 확연하게 드러나게 마련이다.

특히 대북한 문제의 경우 개인에 따라 다양한 의견을 가질 수 있지만, 리더가 정파적 이익이나 사적인 이익에 치우친 나머지 공동체 전체의 이익을 지나치게 훼손해서는 안 된다. 정파적 이익이나 사적인 이익에 치우친 결정은 사람들에게 심정적으로 큰 반항과 불신을 불러일으킨다. 세상에는 타협할 수 있는 것이 있고 그렇지 않은 것이 있다.

경영학의 대부라 불리는 피터 드러커는 자신의 자서전에서, 살아가면서 타협해서는 안 되는 것이 무엇인지에 대해 다음과 같이 말하고 있다. 한번쯤 우리가 깊이 숙고해야 할 조언이라고 생각된다.

"악은 절대로 평범하지 않지만 인간은 평범한 경우가 많다. 그렇기 때문에 인간은 어떠한 조건으로든 악과 흥정해서는 안 된다. 헨슈처럼 악을 자신의 야망에 이용하겠다고 생각할 때 인간은 악의 도구가 된다. 그리고 셰퍼처럼 더 나쁜 짓을 막기 위해 악과 손을 잡을 때 인간 또한 악의 도구가 된다.

— 피터 드러커, 《피터 드러커 자서전》, pp. 343~344.

〈참고〉
헨슈 : 나치 SS의 제2인자로 인종말살부대의 지휘관. 그는 1933년 피터 드러커가 독일

을 떠나기 전에 마지막 저녁을 함께한 인물이다.

세퍼 : 나치의 만행을 막으려는 사명감으로 《타임》과 《포춘》의 유럽 총국장직을 뿌리치고 《베를리너 타게블리트》 편집장을 맡기 위해 베를린으로 돌아왔지만 나치의 권력에 이용만 당하다가 2년 후 숙청되고만 비운의 인물이다.

금전적인 문제에서 깔끔해야 한다

자신의 권한을 이용해서 금전적인 이득을 얻는 일은 과거와 비교할 때 많이 줄어들긴 하였지만 여전히 심심찮게 거론되는 일이다. 권력으로 가는 길과 금력으로 가는 길은 다르다. 운이 좋은 사람은 두 가지 모두를 가질 수 있지만, 일찍부터 정치의 길에 몸담은 리더들은 두 가지 모두를 추구할 수는 없다. 돈을 원하면 사업 세계에서 뛰어야 한다. 따라서 리더들 스스로 '나는 무엇을 추구하는가?'라는 본질적인 문제에 대해 자신을 속이는 잘못을 범해서는 안 될 것이다.

02
기업 리더 : 현재를
활용하고 미래를 대비하라

부(富)는 기업들로부터 나온다. 기업들은 고객을 만들어내고 이들에게 가치를 제공함으로써 부가가치를 창출해내는 일을 하기 위해 사람들이 모여서 만든 조직이다. 그곳에는 다른 분야처럼 적당히 넘어가는 일이 거의 없다. 경영 성과라는 숫자를 만들어내야 하고, 이를 만들어내는 데 성공하지 못하면 경쟁자들에게 밀려서 무대에서 사라지고 마는 치열한 경쟁의 장이기도 하다.

잘나가는 기업들은 돈을 쌓아놓고 사업을 하는 것이라고 생각하는 사람들이 있다. 그러나 현재를 기준으로 잘나가는 기업이라 할지라도, 항상 아슬아슬함 속에서 외발 자전거를 타듯이 페달을 밟고 있다고 표현하는 편이 좋을 듯하다. 조금만 방심하거나, 기술이나 고객의 지배적인 흐름이 변하면 언제 그런 영광의 시간이 있었는가 싶을 정도로 어려운 상황이 전개될 수 있기 때문이다. 그러나 기업 세계의 치열함을 경험해보지 않은 사람들에게 이런 절박함을 제대로 알리기란 여간 어려운 일이 아니다. 이처럼 치열한 경쟁으로 점철된 기업 세계에서 조직을 이끄는 리더들은 과연 어떻게 현재를 활용해야 하고 미래를 대비해야 할까?

미래를 읽을 수 있어야 한다

주력 상품이나 고객 그리고 기술은 끊임없이 변화해간다. 만일 특정 기업이 지금 상당히 좋은 경영 성과를 기록하고 있다면, 그것은 과거에 그 기업을 이끌었던 리더들에게 성과의 상당 부분을 돌리는 것이 올바른 일이다. 그래서 이따금, 오늘날 잘나가고 있는 기업에서 젊음을 투자했던 사람들은 "우리가 뿌린 씨앗을 지금 있는 사람들이 수확한다"라는 표현으로 자신들의 노고에 대한 대가를 제대로 수확하지 못한 부분에 대해 섭섭함과 안타까움을 표하기도 한다. 그러나 어찌하겠는가? 기업 세계의 모순 가운데 하나가 바로 이 점인 것을 말이다. 먼저 뿌리는 자가 있고 거두는 자가 있는 것이 기업 세계이다.

　기업을 이끄는 리더들에게 필요한 것은 동종 업계가 어떻게 변화할지 그리고 그런 변화 속에서 자신들의 주력 상품과 사업 구조를 어떻게 변화시켜나갈지에 대해 내다볼 수 있는 능력이다. 이것은 전적으로 눈에 보이지 않는 리더의 능력이다. 그러나 이런 능력을 갖추지 못한 리더들이 이끄는 기업들은 현재의 경영 성과에 상관없이 일정한 시간이 경과한 후 어려움에 처하게 될 가능성이 높다.

풍부한 자금력을 갖추고 있음에도 불구하고 지금 잘 팔리고 있는 상품이나 서비스에 안주한 나머지, 새로운 성장 동력을 개발하는 데 실패하여 결국 후발 경쟁자에게 현저한 격차로 밀려나게 되는 기업들이 있다. 따라서 경영자는 미래를 읽을 수 있어야 한다. 왜냐하면 리더의 그런 능력에 따라 기업의 운명이 결정되기 때문이다.

의사 결정의 질을 높이기 위해 노력해야 한다

기업 세계의 리더들은 끊임없이 의사 결정을 내려야 하고, 그가 내리는 의사 결정의 질에 따라 기업의 운명이 크게 좌우된다. 미래를 읽는 능력 못지않게 리더에게 요구되는 또 하나의 중요한 자질은, 현명하게 의사 결정을 행하는 능력이다. 의사 결정의 질적 측면은 그 중요성에도 불구하고 사안별로 차이가 나기 때문에 일반화하기 어려운 속성을 갖고 있다. 때문에 이를 배울 수 있는 곳이나 이를 전문적으로 가르치는 사람을 찾기가 힘들다.

기업 세계의 리더들은 주로 자신의 경험을 통해 현명하게 의사 결정을 행하는 방법을 배우기도 하고, 타인의 경험이나 방법을 통해 배우기도 한다. 매번 내리는 의사 결정이 상황에 따라 제각각이지만, 여기서도 일정한 패턴을 파악해서 나름대로 자신의 의사 결정 스타일을 만들어낼 수 있어야 한다. 눈에 보이는 것은 누구나 개선하고 혁신할 수 있지만, 의사 결정의 질적 측면처럼 눈에 보이지는 않는 것을 향상시키기란 여간 어려운 일이 아니다. 그러나 기업 세계의 리더가 이 같은 능력을 어떻게 만들어내느냐에 따라 기업의 성과뿐만 아니라 부침을 크게 좌우한다. 눈에 보이지 않는 이런 능력들이야말로 기업 세계 리더들이 자신이 속한 조직에 기여할 수 있는 핵심 경쟁력의 하나가 될 수 있을 것이다.

고객에게 지속적으로 새로운 가치를 제공할 수 있어야 한다

경쟁력은 상대적인 개념이다. 고객의 선호와 필요, 그리고 경쟁사의 능력에 따라 쉼 없이 경쟁력은 바뀌게 마련이다. 따라서 경쟁력을 지속적으로 만들어갈 수 있느냐는 리더에게 주어진 중요한 임무이다. 존속 기업은 지출을 충당하고도 남을 정도의 수익을 계속해서 만들어낼 수 있는가에 좌우된다.

그리고 지속적인 수익은 고객에게 얼마나 커다란 가치를 제공할 수 있느냐에 달려 있다. 오늘날은 결핍이나 부족 때문에 상품이나 서비스를 구입하는 경우는 드물다. 그렇기 때문에 고객들에게 새로운 가치를 제공할 수 있는 능력의 중요성이 더욱 커져가고 있다. 가치는 가격, 품질, 기술, 때로는 브랜드나 친절, 호감이나 청결처럼 무형의 것에서부터 나올 수 있다.

기업의 리더는 자신이 이끄는 조직이 가진 경쟁력의 실체를 정확하게 파악하고 계속해서 고객이 찾을 수밖에 없는 상품이나 서비스를 만들어낼 수 있도록 조직을 진두지휘해야 한다. 기업 세계란 역동적인 게임이 이루어지는 승부의 세계이다. 오늘의 승자라고 해서 반드시 내일의 승자가 된다는 보장은 없다. 하지만 경쟁사를 압도할 수 있는 가치를 제공할 수 있다면 그 기업의 승리가 보장될 것이다. 이를 총체적으로 책임지는 사람이 바로 기업 세계의 리더들이다. 따라서 리더는 항상 자신에게 '우리가 가진 경쟁력은 현주소는 어디인가?', '3년 후에, 5년 후에 우리의 경쟁력은 어떤 상황에 처하게 될 것인가?'와 같은 질문에 대한 해답을 찾아내기 위해 최선을 다해야 한다.

존속적 혁신에 전력을 기울여야 한다

경쟁력의 상당 부분은 기존 상품과 서비스의 공정을 혁신함으로써 이루어진다. 이를 두고 흔히 '존속적 혁신(sustaining innovation)'이란 용어를 사용하기도 한다. 다른 표현으로 '카이젠(kaizen)'이나 계량 혹은 개선이란 용어를 사용할 수도 있다. 고정관념이나 선입견을 벗어던지고 전례, 선례, 관례의 한계를 뛰어넘어 기업 활동의 다양한 공정들을 개선함으로써 거둬들일 수 있는 경쟁력은 여전히 기업 활동의 중심 부분을 차지하고 있다.

기업의 경쟁력이란 대박이 아니라 누적에서 나온다. 사소한 것을 고쳐 비용을 절감하고 품질을 개선할 수 있는 효과들이 차곡차곡 쌓여가도록 만드는 과정이 존속적 혁신의 핵심이라 할 수 있다. 기업의 리더는 스스로 '완벽함을 향한 여정'이 바로 기업 활동임을 확신하고, 무엇을 고칠 수 있을지 무엇을 바꿀 수 있을지를 늘 염두에 두고 고민해야 한다.

그러나 그런 고민이 자신만의 고민에 그쳐선 안 된다. 함께 일하는 구성원으로 하여금 자신이 맡고 있는 업무 영역을 고민하고 사고할 수 있도록 유도해야 한다. 그것은 리더의 지도력에 있어 중요한 부분을 차지한다. 구성원들로 하여금 스스로의 머리로 주도적으로 생각하게 하라! 그리고 또 생각하게 하라! 존속적 혁신은 적극적이고 도전적인 심적 상태에서만 커다란 효과를 발휘하게 된다.

파괴적 혁신을 통해서 새로운 영역을 개척해야 한다

잘 팔리는 것이 계속해서 잘 팔린다면 무슨 문제가 있겠는가? 그러나 기업 세계에서 상품이나 서비스는 항상 성장, 정체, 쇠퇴라는 수명주기를 그려나간다. 어디 상품뿐이겠는가? 자신이 몸담고 있는 사업 영역 전체가 이와 유사한 수명주기를 그린다. 따라서 주력 상품의 수명주기와 기업의 운명이 함께 묶여지지 않도록 기업의 리더는 항상 주의를 기울여야 한다. 그래서 기업의 본질적인 활동 가운데 하나가 이런 위험을 적극적으로 관리해나가는 일이다. 그것은 자신에게 수익을 제공하는 수익원 자체를 지속적으로 바꾸어나가야 한다는 것과 일맥상통한다.

새로운 수익원을 개척해나가는 일은 치밀한 관찰력과 상상력, 그리고 때로는 행운이 필요한 고도의 창조적 활동이다. 현업을 성실히 수행하면서 절실하게 새로운 영역의 개척이라는 과제를 안고 살다보면 새로운 상품이나 사업 영역의 개척이라는 실마리를 찾아낼 수 있을 것이다.

　오늘날 많은 기업들이 주력 사업의 성숙으로 고민에 빠져 있다. 게다가 상품과 서비스의 수명주기는 날로 짧아지고 있다. 따라서 리더들은 새로운 상품이나 새로운 사업 영역의 개척에 있어서도 괄목할 만한 대안을 제시할 수 있어야 한다. 무엇보다도 상황이 좋을 때 리더들은 절실함을 갖고 미래의 사업거리를 적극적으로 찾아내야 한다. 동시에 기업 세계에서 안정이란 없으며, 현재 적절한 수익을 가져다주는 사업일지라도 사양화될 수 있다는 사실을 구성원들에게 적극적으로 알려야 한다. 이를 통해 기업 내부에 위기감을 조성해나가야 한다. 이같은 창조적 불안감이 새로운 영역을 개척하는 데 큰 역할을 하기 때문이다.

이노베이터를 만들어내야 한다

제대로 된 인재를 어떻게 만들어낼 것인가라는 과제는 리더가 맡아야 할 중요한 임무 가운데 하나이다. 일당 백 혹은 일당 천을 할 수 있는 유능한 명품급 인재를 내부에서 만들어낼 수 있어야 하고, 필요하다면 외부에서 이런 인재들을 적극적으로 영입해서 그들이 조직내에서 자리를 잡을 수 있도록 도와주어야 한다. 인재를 만들어내거나 조직 내부에 유지하는 일은 리더가 행해야 할 현안들 중 매우 중요한 과제이다. 리더는 그들에게 비전을 제시하고, 동시에 그들에게 성취 동기를 부여함으로써 공동의 목적을 향해 에너지를 집결시키는 역할을 맡아야 한다.

또한 자신이 이끌고 있는 구성원들 가운데 '이노베이터(혁신가)'라고 명명할 수 있는 사람이 몇 퍼센트나 되는지 이따금 스스로에게 물어야 한다. 그리고 이를 배가하려면 지금 당장 무엇을 해야 하며, 앞으로 시간을 두고 우선순위에 따라 무엇을 해야 하는지를 고민해야 한다.

인재의 연금술사로서의 리더의 역할은 아무리 강조해도 지나친 법이 없다. 그런데 대부분의 기업에서 관찰할 수 있는 명백한 사실 가운데 하나는, 조직의 구성원들 가운데 자신이 가진 역량을 한껏 발휘하고 있다고 스스로 평가하는 이들이 그다지 많지 않다는 사실이다. 이런 점에서 인재 육성을 위해 리더가 개선해야 할 여지는 충분히 남아 있다고 볼 수 있다.

본보기가 되도록 행동한다

기업은 자본주의의 꽃이다. 따라서 기업은 자본주의 체제의 건강함을 유지하기 위해 일정한 역할을 맡아야 한다. 특히 자본주의의 역사가 짧고 압축 성장에 따른 빛과 그림자가 존재하는 우리 사회의 경우, 체제의 건강함을 유지하기 위해 기업이 어떤 역할을 해야 하는지에 대한 깊은 성찰이 있어야 한다.

최근 전문 경영인들의 활동이 매우 활발해졌지만, 주요 기업들의 경우 여전히 소유주 자본주의의 성향이 강한 편이다. 다시 말하면 오너 패밀리의 영향이 강하다는 점이다. 시간이 지날수록 주주 자본주의로의 수렴 현상이 강해지겠지만, 그럼에도 불구하고 혈연이나 가족에 대한 한국 문화의 특성을 고려할 때 서구 선진국에 비해 가족 지배적인 성향이 당분간 지속될 것으로 전망된다. 그러므로 주주 자본주의의 규범에 걸맞도록 공정한 거래와 부의 이전이나 상속에 대해서 보편타당한 원칙과 관행이 실천되어야 한다.

근래에 경영권의 상속 및 증여 문제가 사회적 이슈가 되는 일들을 보면서, 자의적인 법 집행이나 지나치게 높은 실효 세율의 폐해를 줄여야 한다는 생각이 든다. 하지만 무엇보다도 지배 주주를 중심으로 상속과 증여에 따르는 규범과 관행을 주도적으로 정립해나가야 한다.

03

시민단체 리더 :
존재 이유를 명확히 하라

근래 다양한 목적을 가진 시민단체와 시민운동이 주목을 받고 있다. 소액주주운동이나 환경운동 등과 같이 특정 사안을 둘러싸고 시민단체는 여론 형성이나 정책 결정 과정에서 큰 영향력을 행사하고 있다. 본래 시민운동은 과도한 권한을 행사해왔던 국가 권력에 대해 건실한 견제 역할을 담당함으로써 개인의 자유를 보호한다는 긍정적인 효과를 거두기 위한 시민들의 자발적인 단체로 출범하게 되었다.

하지만 본래 의도와는 달리, 정치적인 지분 확보를 위한 또 다른 형태의 권력 집단으로 전락했다는 비판의 목소리가 높아졌다. 근래에 시민단체 출신 인사들이 부쩍 공직에 취임하는 사례들이 늘어나고 있으며, 시민단체가 권력에 다가서는 손쉬운 등용문이 되고 있는 실정을 고려하면 이 같은 비판에 대해서도 귀를 열어둘 필요가 있다.

'시민운동의 정체성 비판'이란 글에서 오승용 씨는 시민운동에 대해서 다음과 같은 고언을 아끼지 않는다.

> 시민운동이 정부와 기업의 활동을 견제하는 독립적인 비판 세력으로 존재하는 것이 아니라 국가에 수혜적으로 포섭되어 있다는 문제점이야말로 한국 시민운동단체의 활동과 관련하여 가장 심각하게 받아들여야 할 문제다. 이는 시민운동단체의 정체성과 관련하여 심각한 문제를 야기한다. 즉 시민운동단체가 시민의 이해를 대표하는 조직이 되지 못하고 정부와의 관계 속에서 '시민의 운동'이 아닌 '시민에 대한 운동'을 대표하는 흐름으로 변형되고 있다는 것이다.
>
> – 김인영 외, 《시민운동 바로보기》, p. 136

이런 비판에도 불구하고 시민단체의 영향력은 더욱 커질 것으로 전망된다. 따라서 시민단체 스스로 권한에 걸맞은 책임을 져야 할 것이다. 그렇다면 시민단체가 한국 사회에 영향력을 발휘하려면 리더들은 지금 무엇을 해야 하며, 앞으로는 어떻게 행동해야 하는 것일까?

설립 취지를 명확히 해야 한다

비영리단체인 시민단체는 영리 조직인 기업과 달리 자신의 정체성을 지속적으로 확인해야 하는 과제를 안게 된다. 설립 초기에는 창립 멤버들이 조직 내부에 머물면서 활동하기 때문에 정체성의 혼란과 같은 문제는 거의 발생하지 않는다. 그러나 성장해가면 다양한 사람들이 몰려들 뿐만 아니라 활동 영역이 확대되면서 정체성의 혼란을 겪게 되는 경우가 많다.

'우리가 일하는 단체의 설립 목적은 무엇인가?', '우리는 왜 존재해야 하는가?' 등과 같은 질문을 스스로에게 던짐으로써 초기의 설립 목적을 잊지 않아야 한다. 물론 시대의 요구가 변화하면서 시민단체의 존재 이유를 재정의해야 할 필요성이 발생하기도 한다. 존재 이유를 명확하게 정의하지 못한 시민단체는 시류에 영합해서 특정 이념이나 활동가들을 위한 거수기 노릇을 하는 단체로 전락해버리는 경우가 종종 있다. 따라서 시민단체를 이끄는 리더들은 항상 존재 이유를 명확히 하고 이를 구성원들에게 공유시켜나가야 할 것이다.

입신출세의 발판으로 활용해서는 안 된다

시민단체가 순수성을 상실할 때 문제가 발생하게 된다. 근래 정치권에는 부쩍 시민단체 리더들의 진출이 활발해지고 있는 실정이다. 선의로 해석하면 본래 정치적인 의도를 갖고 시민운동을 시작한 것은 아니라고 생각할 수도 있지만, 처음부터 시민단체를 입신출세의 수단 내지 도구로 활용하는 것은 아닌가라는 의구심이 들 때가 많다. 사람의 욕구란 변하게 마련이므로 시민운동가로 출발해서 정치권력에 가까이 가는 사람들을 모두 비난할 수는 없다. 그럼에도 불구하고 명확하게 짚고 넘어가야 할 사항은 시민단체 리더들이 출세의 발판으로 시민단체를 활용하는 일은 올바르지 않다는 것이다. 또한 이를 계속해서 허용해서는 안 된다.

우선 시민단체의 리더들 스스로 '나는 시민단체를 이용하고 있지는 않는가?', '나는 순수한 시민운동가인가?'라는 질문에 대해 솔직하게 답할 수 있어야 한다. 만일 처음부터 정치권력에 뜻을 두고 있었다면, 정치권력을 추구하는 곳에서 경력을 관리해야 한다. 유력한 시민단체의 영향력 있는 인사들 가운데 정치권력과 거리를 두고 계속해서 시민운동가로 활동하거나, 아니면 리더의 직분에서 물러난 다음에도 자신의 생업이나 순수한 활동을 계속하는 사람들이 있다. 이들을 볼 때마다 대단하다는 평가를 내리는 것 자체가 오히려 신기하게 여겨질 수 있어야 한다. 이들이 대단하다는 평가를 받는다는 것은 그만큼 시민단체가 특정인의 입신출세를 위한 장소로 활용되고 있음을 보여주는 반증이기 때문이다.

스스로 권력화되지 않도록 해야 한다

시민단체마다 주주 권리, 환경, 납세, 교육, 안전 등 주력하는 분야가 제각각 다름에도 불구하고, 시민단체가 가장 최우선 과제로 삼아야 할 목표는 시민 개개인의 자유를 보호하는 것이어야 한다. 그러나 이따금 권력과 유착하여 오히려 권력의 입장을 두둔하거나 옹호하는 듯한 발언을 하는 단체들이 있다. 이는 곧 시민단체 스스로가 정치권력이든 경제권력이든 간에 스스로 견제해야 할 대상과 적절한 거리를 두는 것에 실패했음을 뜻한다.

사심 없이 공명정대하게 시민단체를 이끌면 감시나 견제로부터 자유로울 수 있다. 만약 그렇지 못하다면 이익단체라고 이름을 바꾸는 편이 나을 것이다. '공명정대하게 활동하고 있는가?', '감시 대상과 유착 관계에 있지는 않는가?'라는 질문에 대해 스스로 답할 수 있어야 한다. 무엇보다도 시민단체를 이끄는 리더들이 옳고 그름을 명확히 하고, 건전한 양식에 바탕을 둔 올바른 처신을 할 때다.

선택과 집중에 따른 성장 전략이 필요하다

모든 조직은 성장해야 한다. 이런 점에서 시민단체들도 예외가 아니다. 성장은 편익과 동시에 비용을 요구하게 마련이다. 다수의 시민단체들이 지불하는 비용은, 자신의 역량을 벗어나는 분야까지 활동 영역을 넓힘으로써 발생된다. 그런데 이러한 사실이 중요한 이유가 무엇일까? 그 이유는 기업과 달리 시민단체는 정책 과정이나 여론 형성에서 영향력을 행사하기 때문이다. 미흡한 전문성 때문에 엄청난 비용을 사회에 부담지우는 일들이 이미 환경 등과 같은 분야에서 발생하고 있다. 시민단체들은 영향력 못지않게 스스로의 주장에 대해서 책임을 져야 한다.

외형의 성장에 앞서서 특정 분야를 중심으로 인력을 보강하고 전문성을 더하는 일이 우선되어야 할 것이다. 이런 노력들이 성과를 거두면 다른 분야로 외연을 확장하는 일은 얼마든지 가능하다. 활동 영역을 결정하고 시민단체의 목표를 결정하는 데는 시민단체를 이끄는 리더들의 판단이 중요한 역할을 한다. 따라서 시민단체들은 내실을 충실히 다져야 하며, 책임 있는 기관으로 거듭나기 위해 선택과 집중에 따른 성장 전략을 세워야 할 것이다.

시민단체도 경영이 필요하다

어떤 조직이든 조직의 성과 극대화라는 과제를 안고 있다. 시민단체는 속성상 비영리단체이기 때문에 항상 재정 문제를 고민해야 하는 입장에 처해 있다. 재정적인 취약성이 견제 대상에 대한 의존도를 증가시키는 상황을 낳는 주요 원인이 되기도 한다. 비영리단체가 가진 속성상 넉넉한 살림살이는 처음부터 불가능하고, 사명감을 가진 구성원들의 헌신적인 활동 없이는 존속 조직으로서의 활동이 쉽지 않다.

그럼에도 불구하고 시민단체를 이끄는 리더들은 경영이란 관점에 눈을 돌릴 필요가 있다. 이른바 비영리단체에도 경영이 필요하다는 것이다. 영리 조직과 달리 시민단체에 판매 혹은 세일즈라는 용어를 사용하는 것이 그다지 바람직하지 않다고 생각할 수도 있지만, 시민단체는 '아이디어나 사회적 이슈를 판매한다'라는 관점을 가질 필요가 있다. 이런 관점의 변화를 통해서 다른 단체들과 확연히 구분할 수 있는 브랜드를 구축하고 앞서 나갈 수 있을 것이다. '시민단체를 경영한다'라는 관점으로 접근하는 리더들이 많이 등장하였으면 하는 바람이다.

시대의 흐름을 놓쳐서는 안 된다

이념의 시대는 가고 실용의 시대가 왔지만, 여전히 한국 사회에서 시민운동의 큰 흐름은 거대 담론에 치우치고 있다. 때문에 특정 사안이 발생하면 이모저모 꼼꼼히 따지고 실용적인 입장에서 단체의 주장이나 입장을 취하는 것이 아니라 명분에 따라 확연하게 나누어진다. 보수나 진보, 좌와 우라는 이분법적인 시각을 가진 단체들이 확연하게 편이 갈리는 것이다. 거대 담론에다 민중주의적 색채까지 더해지는 경우가 많기 때문에 시민단체와 시민운동이 사람들의 피부에 와닿을 수 있는 수준에 도달하지는 못한 실정이다.

따라서 시민단체들은 시민 개개인의 피부에 와닿을 수 있는 주제들을 찾아내야 한다. 시대의 흐름을 읽고 깨어 있는 리더, 시민운동가로서의 순수함을 가진 리더들이 존재한다면 이는 얼마든지 가능한 일이다.

04

교육 리더 : 교육도
시장의 법칙을 피해갈 수 없다

세상에 자식을 지극히 생각하지 않는 부모가 어디에 있겠는가. 그렇지만 교육열에 관한 한 한국 부모들은 전 세계 어느 나라 부모 못지않게 유난히 열의를 가지고 있다. 이런 열의를 건설적이고 미래 지향적인 방향으로 물꼬를 터주는 일이 그 무엇보다도 중요한 과제이다. 그럼에도 불구하고 한국 사회는 유독 교육 문제에 관해서는 답보 상태 내지 퇴보 상태를 면하지 못하고 있는 실정이다.

그런데 근래에 나타나는 주목할 만한 현상 가운데 하나는 교육 문제가 교육 문제 그 자체로만 국한될 전망이 아니라는 점이다.

2000년 서비스수지 적자 규모는 28억 달러, 2001년 39억 달러, 2002년 82억 달러, 2003년 74억 달러, 2004년 80억 달러, 2005년에는 131억 달러로 늘어났다. 서비스수지 적자분 가운데서 해외여행과 유학·연수 등으로 구성되는 여행수지 적자 폭은 2005년 한 해 동안 96억 5,000만 달러로 전년 대비 53.7%나 급증했다. 이는 더 나은 교육 서비스에 대한 수요가 크게 증가하고 있음을 보여준다.

상품이든 서비스든 간에 수요가 있으면 이를 만족시켜주는 것이 바람직하다. 그럼에도 불구하고 교육 정책은 그 반대쪽으로 향하고 있지 않는가라는 의구심이 들 때가 많다. 교육은 한 사회가 미래를 위해 준비할 수 있는 가장 중요한 투자 가운데 하나이다. 그렇기 때문에 현세대뿐만 아니라 다음 세대를 위해서도 현명한 선택을 해야 할 필요가 있다. 그럼 과연 교육계에 있는 리더들, 이를테면 교육부의 정책에 영향을 미치는 정치인들, 교육 관료들, 교원단체의 간부들은 어떻게 사고하고 행동해야 하는 것일까?

변화의 실상을 외면해서는 안 된다

다른 분야와 마찬가지로 교육 분야 역시 치열한 글로벌 경쟁이 벌어지는 서비스 영역 가운데 하나이다. 과거처럼 내수에만 적합한 인재를 만들어내는 것은 시대의 흐름을 거스르는 일이다. 앞으로 국제 사회를 상대로 생계를 유지하고 더 나은 삶을 준비할 수 있는 글로벌 인재를 양성하는 것에 교육의 초점이 맞추어져야 한다.

국내에서 필요한 서비스를 공급받을 수 없다면 유학 수요는 지금보다 더욱 증가하게 될 것이다. 이것은 이미 교육서비스 수지 적자폭의 증가와 유학 연령이 낮아지고 있다는 사실을 통해 충분히 입증되고 있다. 교육 분야는 더 이상 경쟁력의 성역으로 남아 있을 수 없다는 얘기다. 그리고 평준화라는 과거의 방식에 안주한 채 우리 식의 교육 정책을 고집해서는 안 된다. 따라서 교육 정책을 담당하고 있는 리더들이나 교원단체에서 중요한 의사 결정을 행하는 이들은 열린 사고를 갖고 시대의 변화를 읽어내야 한다. 이미 존재하는 것에 대해 눈을 감은 채 마치 존재하지 않는 것처럼 스스로를 속여서는 안 된다. '내가 부모라면 10년 후, 20년 후를 대비하기 위해 어떤 선택을 내리는 것이 좋을까?'라는 질문을 던지는 것만으로 리더들은 지혜를 얻을 수 있을 것이다.

시대는 하루가 다르게 바뀌고 있는데 평등 일변도의 교육 정책을 고집하면 결국 우리 교육은 더욱 어려운 상황에 처하게 될 것이다. 교육 역시 시대의 변화에 맞추어 발 빠르게 변화해야 한다. 이런 변화에 중심에는 자유주의 원리에 따라 개인의 선택을 존중하는 정책이나 제도가 있어야 한다.

정부의 개입 범위와 폭을 대폭 줄여나가야 한다

일선 교사들은 정부의 간섭이 점점 심해지고 있다는 말을 자주 한다. 사학법 개정이나 대학 입시를 둘러싼 정부의 개입 강도를 보면 이런 지적이 결코 빈말은 아닌 듯하다. 교육 예산을 대폭 늘리고, 교사를 더 뽑고, 정부가 행정 지도를 강화한다고 해서 결코 교육 문제가 해결되지는 않는다.

정부의 정교한 개입으로 어떤 산업이 경쟁력을 확보할 수 있게 되었는가? 교육이라고 해서 결코 예외일 수 없다. 이론적으로나 역사적인 경험을 미루어보거나 우리가 내릴 수 있는 선택은, 교육 부문에서도 정부의 영향력을 가급적 축소하고 선의의 경쟁이 시장에서 활발하게 이루어질 수 있도록 해야 한다는 것이다. 그래야 새로운 실험들이 일어날 수 있고 진정한 의미의 변화와 혁신이 일어날 수 있다.

교육 정책의 노선에서 큰 변화가 없다면, 한국 교육은 답보 상태 내지 퇴보 상태를 벗어날 수 없다. 교육 문제에 있어 정부의 영향력을 현저하게 줄여나가야 한다. 그러나 이미 비대하게 팽창한 세력들이 스스로 그런 권한을 내놓기는 어려울 것이다. '규제로부터 자율로'라는 코페르니쿠스적인 발상의 전환이 필요하다. 그러려면 교육 부문을 담당하고 있는 리더들부터 발상의 전환이 이루어져야 한다.

평준화 정책의 폐기는 필수적이다

'그들로 하여금 치열하게 경쟁하게 하라! 차별화하라!'는 원칙을 받아들여야 한다. 수준이 같지 않은 아이들을 한자리에 모아서 교육하는 것은 올바른 일도 아니며, 그 효과를 기대할 수도 없다. 이미 평준화 정책은 각종 특수 목적 고교들의 등장으로 인해 뿌리째 흔들리고 있다.

소득 수준이 높아지면 교육 서비스에 대해서도 높은 질을 기대하는 것은 인지상정이다. 따라서 중학교나 고등학교에서 양질의 교육을 원하는 수요자들에게 그런 교육을 제공해야 한다. 만일 이것이 불가능하다면 유학 추세는 줄어들지 않을 것이다. 차별화된 서비스만이 유학생의 절대 숫자를 낮추고 동시에 전 세계에 내놓을 수 있는 우수한 교육 기관들의 성장도 가능하게 만들 것이다.

제조업에서 굴지의 성과를 내는 우리나라가 유독 교육 분야에서는 부진을 면치 못하고 있다. 교육계를 이끄는 리더들은 몇몇 대학이 세계 100위 안에 들어갔다고 좋아할 일인지 고민해봐야 한다. 게다가 왜 우리는 세계에 내놓을 만한 명문 중학교와 고등학교를 갖고 있지 않은지에 대해서도 해답을 찾을 수 있어야 한다.

평준화를 폐기하거나 후퇴시키는 일은, 수십 년간 이런 정책의 수혜를 받아왔던 각종 이해단체들의 격렬한 저항을 받을 수밖에 없다. 결국, 교육에 대해 올바른 신념을 가진 리더들의 각성과 문제 해결에 대한 지속적인 노력 없이는 해결될 수 없는 문제이다.

사상적으로 편향된 교육을 자제해야 한다

일부 교원단체의 계기 학습에 대한 얘기가 간간히 언론에 공개되곤 한다. 필자는 실제로 교원단체가 학생들에게 미치는 영향력이 어느 정도인지 정확히 알지 못한다. 그럼에도 불구하고 잊혀질 만하면계기 학습에 대한 얘기가 나오는 것을 볼 때마다, 일부 교원단체가 주도하여 아이들에게 왜곡된 세계관과 가난한 생각을 주입하고 있다는 생각을 지울 수가 없다. 교사들의 정치적 시각이나 편견이 아이들에게 일방적으로 전달되어서는 안 된다. 물론 아이들에게 이런 견해 혹은 저런 견해가 있다는 것을 알려주는 것은 무방하다. 그러나 판단력이 떨어지는 아이들에게 자신의 의견을 일방적으로 강요해서는 안 된다.

계기 학습 교안을 만들고 주도하는 인물들이 가진 식견이나 지식이 어느 정도인지 알 수 없지만, 교사들의 이야기를 들을 수밖에 없는 상황에 놓인 아이들에게 일방적으로 자신들의 입장을 강요해서는 안 된다. 필자는 일부 교원단체가 주장하는 내용들 가운데에는, 올바르지 않을 뿐만 아니라 시대의 흐름과 동떨어진 내용들이 많다고 생각한다.

이런 것들이 제어되지 않고 아이들에게 제공되어서는 안 된다. 아이들의 정신세계는 긍정적인 것으로 충만해야 한다. 아이들의 길고 긴 인생에 영향을 미치게 될 '가난한 생각' 혹은 '빈자의 생각'을 결코 인위적으로 주입해서는 안 된다. 이 부분에 있어서 교육계의 의식 있는 리더들은 그 위험성을 깊이 인식하고 해결책을 마련해서 실천에 옮겨야 할 것이다.

교육도 경영이다

한 교원단체를 책임지게 된 간부가 취임 일성으로 "교원 평가에 대해서 반대한다"는 입장을 분명히 하였다. 물론 경쟁을 좋아하는 사람은 소수일 것이다. 필자처럼 강의를 할 때마다 평가를 받는 사람도 평가 행위 자체를 그다지 좋아하지 않는다. 그러나 그런 평가가 없다면 성장할 수 있는 가능성도 낮아질 수밖에 없다.

평가와 차별화가 있을 때 인센티브가 작동하고, 이를 계기로 사람들은 더 열심히 노력하게 된다. 이런 과정에서 다양한 혁신이 이루어진다. 그렇게 때문에 교육 분야라고 해서 평가로부터 보호되어야 한다는 것은 올바르지 않다. 따라서 교육계 리더들은 공교육의 정상화, 예를 들어 경쟁력을 강화하기 위해 '우리가 무엇을 어떻게 해야 하는가?'라는 질문에 대한 답을 찾아야 한다. 그것은 스스로 평가받을 수 있도록 하는 것이다.

혹자는 교육 분야는 특별한 분야라고 이야기하지만, 필자는 교육 분야라고 해서 특별한 것이 있다고는 생각하지 않는다. 그것 역시 비영리단체의 경영이란 관점에서 이해해야 한다. 근래 전 세계적인 현상 가운데 하나는 비영리단체의 경쟁력 문제이다. 오늘날 한국의 공교육은 10조 원을 웃도는 사교육비 부담에 일익을 담당하고 있다. 물론 공교육이 정상화된다고 해서 사교육이 완전히 없어지기를 기대할 수는 없다. 그럼에도 불구하고 절대 액수는 줄여나갈 수 있을 것이다. 현재의 교육 제도는, 경쟁력이 떨어진 공교육 때문에 학부모들이 불필요한 보조금을 지불하는 형식으로 운영되고 있다. 그 보조금은 사교육비 지출이라는 형식으로 학부모의 넉넉지 않은 지갑에서 나가고 있는 실정이다.

공교육의 정상화는 교육 역시 경영이란 시각으로 접근할 때 그 해결책을 찾을 수 있을 것이다. 리더들은 '교육 경영'이란 관점에서 교육을 접근해야 한다. 교육 서비스의 질을 개선하기 위해서 서비스 산업이나 제조업으로부터 경영에 대한 많은 아이디어를 빌려야 한다.

교육 문제도 경제적 효율성 측면에서 접근해야 한다

교육은 국방, 의료와 더불어 국가의 재정에서 차지하는 비중이 가장 높은 분야 가운데 하나이다. 또한 앞에서 지적한 것처럼 교육 분야가 국제 수지에서 차지하는 비중도 무시할 수 없는 상황이다. 따라서 교육의 경쟁력 문제를 교육계에 종사하는 사람들만의 과제라고 간주해 버릴 수는 없다. 가능하면 자원 배분의 효율성을 한껏 올릴 수 있는 대안을 찾기 위해 노력해야 한다. 이것은 교육 분야를 경제적 효율성이란 측면에서 접근해야 한다는 것을 뜻한다.

그리고 혹자는 교육 기회 평등이란 면에서 볼 때 현행 체제가 더욱 나은 조치이며, 이른바 자유주의 원리에 입각한 교육 개혁은 극히 위험하다고 주장한다. 그러나 시야를 조금만 더 넓혀보면 현재처럼 규제 위주의 교육 제도가 오히려 교육 기회의 불평등을 조장하고 있음을 알 수 있다. 왜냐하면 여유가 있는 사람들은 얼마든지 해외에서 교육 서비스를 선택할 수 있기 때문이다.

현재와 같은 추세가 계속되면 부모의 재력에 따라 구조적으로 교육 기회가 차등화되는 결과가 발생할 수 있다. 해외로 나갈 수 있는 사람들은 나가서 배우고 그렇지 못한 사람들은 해외와 필적할 정도의 수준을 갖춘 국내 교육 기관에서 배울 수 있는 여건을 마련해주어야 한다. 결국 교육 문제 역시 '아이디어 전쟁'이라고 할 수 있다.

또한 이는 사상의 선택과 직결된 문제다. 오랑캐를 물리치자는 위정척사(爲政斥邪)를 외치는 것만으로 나라를 구할 수 없었던 것과 마찬가지로, 평준화를 외치는 것만으로 문제를 해결할 수는 없다. 우리가 원하든 원하지 않든 간에 세상은 우리를 중심으로 돌아가는 것이 아니라, 세상의 규칙 중심으로 돌아가기 때문이다. 우리에게는 재빨리 적응해서 살길을 찾는 길과, 완강히 거부한 채 장엄한 몰락을 맛보는 길이 주어져 있다.

개방되기 전의 세상은 평균값이 중요했지만, 개방 이후의 세상은 개별 값이 더욱 중요해졌다. 세상은 차별화를 향해 달려가는데, 우리만 하향 평등화를 향해 달려가면 결국 선택할 수 있는 사람들과 그렇지 못한 사람들 사이의 격차는 더욱 커질 수밖에 없다.

몽매해서도 안 되고 우리 중심으로 세상을 바라봐서도 안 된다. 세상을 있는 그대로 바라봐야 살길을 찾을 수 있다. 교육계를 이끄는 리더들은 사리사욕을 뛰어넘어 다음 세대의 앞날을 생각하고 판단해야 한다.

05

가정 리더 : 가장은
가족주식회사의 CEO다

집안을 이끄는 가장은 리더 중의 리더라 할 수 있다. 따라서 가정을 이루게 될 사람들 역시 탁월한 리더의 조건과 리더십에 관심을 가져야 한다. 왜냐하면 대다수의 사람들이 결혼을 하고 아이들을 낳아서 양육하는 가장의 길을 걷기 때문이다.

오늘날처럼 안정이란 단어가 사라져버린 시대에, 가장은 조직을 경영하는 리더와 크게 다를 바가 없다. 수입과 지출의 균형을 맞추어야 하고, 미래를 위해 종자돈을 만들어서 후일을 위해 투자해야 하고, 자녀의 앞길을 개척하는 데 재정적인 지원과 조언을 아끼지 말아야 한다. 그렇다면 가정을 이끄는 리더는 지금 무엇을 해야 하며, 미래를 위해 어떤 준비를 해야 하는 것일까?

가장은 진정한 의미의 리더임을 자각해야 한다

우리는 직급을 중심으로 자신을 바라보는 데 익숙하므로 부하들을 이끄는 위치에 서 있지 않으면 자신을 리더라고 생각하지 않는다. 결과적으로 가장의 행동이나 판단은 별다른 고민 없이 하루하루 일용할 양식을 구하기 위해 분주하게 살아가는 데 급급하게 마련이다. 이는 미래를 적극적이고 계획적으로 준비하는 과정이 부족하기 때문이다.

그러나 가장들은 자신을 리더라는 관점으로 받아들일 필요가 있다. 이것은 매우 중요한 인식의 전환을 가져올 뿐만 아니라 행동의 변화를 가져온다. 'OOO가족주식회사'의 최고경영자(CEO)라고 생각하면 소극적, 수동적이란 단어가 자리를 차지하게 될 가능성은 거의 없다. 따라서가장에 대한 개념을 리더 혹은 경영자로 받아들여야 한다. '그래 나는 OOO가족주식회사 CEO다'라는 식으로 말이다.

'준비' 혹은 '대비'라는 단어를 생활화해야 한다

스스로를 리더라고 받아들이는 가장은, 현재의 소비 활동이나 생산 활동 못지않게 미래를 어떻게 준비해야 하는가를 두고 치열하게 고민하고 대비책을 마련한다. 그들은 스스로 미래를 창조해나갈 수 있다고 믿고 행동한다.

따라서 그들은 하루하루 일용할 양식을 구하는 데 머물지 않고, 어떻게 하면 좀 더 풍요로운 미래를 만들어내기 위해 무엇을 준비해야 할 것인가를 고심한다.

마치 한 기업의 최고경영자가 미래를 읽기 위해 고민하는 것과 비슷한 행동을 현명한 가장에게서 관찰할 수 있다. 준비하는 자는 기회를 포착할 수 있을 뿐만 아니라 현재의 성과도 한껏 높일 수 있는 혜택을 얻을 수 있다.

끊임없이 스스로의 경쟁력을 강화해야 한다

타인을 이끌기 위해서는 우선 자기 자신을 제대로 이끌 수 있어야 한다. 가장은 가정이란 하나의 단위 조직에 경제적 안정 혹은 재정적 안정을 제공할 의무와 책임을 지니고 있다. 그러므로 마치 경영자가 제한된 자원을 갖고 최고의 성과를 거둬들이기 위해 고심하듯이 가장 역시 자신이 가진 한정된 자원을 효과적으로 배분하는 데 심혈을 기울여야 한다.

변화로 요동치는 세상에서 가장의 경쟁력 상실은 가정에 암울함을 드리우게 된다. 누구에게나 안정이란 단어는 허용되지 않기에 더욱 스스로의 경쟁력을 강화하기 위한 노력이 절실하다. 절실함과 절박감을 갖고 미래를 내다보고 자신의 경쟁력을 업그레이드하면서 외부의 도전을 극복해나가는 것이야말로 가장에게 주어진 중차대한 임무라 할 수 있다.

위험을 적극적으로 관리해나가야 한다

우리 사회에는 유독 사기와 기만이 많다. 무지함이라는 지나친 순진함으로 말미암아 가장의 실수가 가져온 가정의 위기에 대한 이야기를 자주 듣게 된다. 야무지지 못한 가장들이 살아가기에 이 세상은 너무 험하다. 그러나 어찌 하겠는가? 자신을 보호하는 일은 어느 누가 도맡아 해줄 수 있는 일이 아니라 바로 자기 자신이 해야 할 일이다.

경마, 경륜, 카지노 등 많은 흥행 산업이 유행하고 있다. 명분이야 그럴듯하지만 가장으로 하여금 끊임없이 흥행 산업에 돈을 사용하도록 부추기는 듯하는 분위기다. 그래서 필자는 요즘 세상을 두고 '노름 권하는 사회'라고 부르고 싶다. 소비에 대한 유혹, 한탕에 대한 유혹, 일확천금에 대한 유혹, 빚보증에 대한 유혹 등은 가장들이 세상을 살아가면서 당면하게 되는 위험들이다. 이들로부터 자신을 보호하고 한걸음 나아가 자신에게 닥칠 수 있는 위험을 관리해나가는 일 역시 가장이 짊어져야 할 몫이다.

아이들 교육에도 때가 있게 마련이다

가정의 중요한 임무는 육아와 교육이다. '아이들을 어떻게 키울 것인가?' 이 질문에 대해 어느 누구도 자신 있게 대답할 수 없을 것이다. 다만 자식들이 살아갈 세상은 이제껏 어른들이 살아온 세상보다 훨씬 역동적인 변화를 경험할 수 있을 것이라는 점은 분명하다. 그렇기 때문에 자식들이 스스로 삶을 조직화할 수 있는 능력, 당차게 자신의 삶을 만들어갈 수 있는 의욕과 열정, 여기에다 전문적인 지식과 언어 능력을 갖출 수 있도록 뒷받침을 해주어야 한다.

그런데 아이들의 교육에는 다 때가 있다. 적시를 놓치면 많은 노력을 기울이더라도 그런 능력들을 제대로 갖추기 힘들게 된다. 가장은 자식들의 교육에 있어서도 리더십을 발휘해야 한다. 나름대로 세상에 대한 안목을 갖고 다수가 '우' 하고 달려가는 길로 생각 없이 따라가는 잘못을 범해서는 안 된다. 시대를 읽어내는 나름대로의 판단을 갖고 아이들의 진로를 지도하고 아이들 스스로 홀로 설 수 있도록 도와주어야 한다.

본보기가 될 수 있도록 처신해야 한다

가정을 이끄는 가장의 리더십의 중심에는 본보기라는 단어가 빠질 수 없다. 가장이 존경받을 수 없다면 그만큼 영향력을 발휘할 수 있는 여지는 줄어든다. 가장에 대한 존경심은 헌신과 솔선수범에서 나온다. 아이들은 가장의 직책이나 지위에 따라 가장을 대하지는 않는다. 가장의 삶 속에 배어 있는 헌신과 솔선수범이 아이들과 배우자의 마음을 움직인다.

따라서 항상 자기 자신에게 '나는 가족 구성원들의 눈에 어떻게 비춰지고 있는가'라는 질문을 던져보아야 한다. 그리고 현재를 뛰어넘어서 오래오래 본이 될 수 있는 가장이 될 수 있도록 부끄러움 없이 모범이 되고 있는지 늘 점검해야 한다.

자신을 사랑하는 일이 우선이다

인명은 재천이라고 한다. 하지만 가장은 스스로 자신의 몸을 가꾸고 건강에 적극적으로 투자해야 한다. 건강에 관해서는 본인이 어찌할 수 없는 상황에 처할 수도 있는 것이 우리의 삶이지만, 통제 가능한 영역에서 자신이 할 수 있는 최대의 노력을 경주해야 한다. 흡연 습관이나 지나친 음주 습관을 고치고, 균형 잡힌 식사와 규칙적인 운동을 하고, 과도한 스트레스를 피하는 등 일상생활에서 행할 수 있는 일부터 먼저 실천에 옮기자.

자신의 몸과 마음을 아끼고 사랑할 수 있을 때 리더로서의 직분도 수행할 수 있다. 건강할 때 열정과 의욕이 생겨나기 때문이다. 아무리 뛰어난 사람이라도 건강을 잃어버리면 본인의 의도와 관계없이 가족에게 어려움을 가져다줄 수 있다. 모든 변화는 자신으로부터 시작된다. 화목한 가정을 이끌어가는 가장의 힘 역시 자신을 사랑하는 것에서부터 시작된다. 자신을 사랑할 수 있는 자만이 가족을 그리고 다른 사회의 구성원들을 아낄 수 있다.

늦지 않았다, 이제 시작이다

누구든지 현재 보다 더 나은 미래를 원한다. 더 나은 미래는 사람들에게 무엇을 뜻하는가? 아마도 승진, 성공, 명성, 권력을 얻는 것과 깊이 연관되어 있을 것이다. 그런 것들을 얻기 위해 누구든지 불가피하게 '리더의 길'을 걷게 된다. 설령 이런 것들을 추구하지 않는 예외적인 사람이 있더라도 가족을 이루게 되면 리더의 길을 걸어갈 수밖에 없다. 그래서 궁극적으로 인생의 어느 순간에는 리더의 직분을 수행할 수밖에 없는 것이 숙명이다.

우리네 삶이 본래 이렇게 흘러가는 것이라면, 탁월한 리더가 되기 위해 노력해야 하는 것은 특별한 사람들의 특별한 일이 아니라 보통 사람들에게 주어진 평범한 일임을 알 수 있다. 물론 리더가 발휘하는 영향력이나 책임의 범위는 지위의 높고 낮음에 따라 차이가 나겠지만 말이다.

아마도 이 책을 읽는 독자라면, 분명 보통 사람들보다 상승 욕구가 강하고 더 나은 미래를 위해 계획적으로 노력하고 있는 사람일 가능성이 높다. 그렇지 않고서는 리더십에 대한 책을 선택할 이유가 없을 것이기 때문이다.

타고날 때부터 타인을 이끄는 데 재능을 가진 사람들이 있다. 친화력이 뛰어나고, 카리스마를 소유하고 있으며, 타인의 성공을 지원하고 이를 기꺼이 기뻐하는 그런 사람들을 만날 때는 '리더 재목이다'라는 생각이 든다. 마치 언어 재능이나 음악 재능 등과 같은 특정 재능을 타고난 사람들이 존재하는 것처럼, 자신을 따르는 사람과 함께 공동의 목표를 추구하는 데 발군의 실력을 발휘하는 사람들이 있음을 부인할 수 없다.

그러나 탁월한 리더는 선천적인 요인에 의해서만 만들어지지는 않는다. 아주 평범한 사람이라 하더라도 갈고닦는 과정을 통해서 어느 수준까지는 자신을 탁월한 리더의 반열에 올릴 수 있다. 때문에 어떤 조직의 교육 과정을 보더라도 리더십 관련 분야가 과정의 상당 부분을 차지하고 있다.

필자가 여기서 펼치고 있는 리더십에 대한 주장은 그동안의 경험과 독서를 바탕으로 나온 것이다. 책이 가진 속성상 필자의 주관적인 경험이나 믿음이 짙게 배어 있음을 부인할 수는 없다. 책을 읽는 과정은 독자가 저자와 대화를 나누는 일련의 과정이라고 생각한다. 이따금 저자의 주장에 동의할 수 없을 때는 조금 언짢게 여길 수도 있을 것이다. 반면 자신이 동감할 수 있는 내용을 발견할 때는 '내가 혼자가 아니구나' 혹은 '내가 올바르구나'라는 확신을 가질 수도 있을 것이다. 동감과 동의할 수 없음이 교차되는 그런 시간을 이 책을 통해서 가질 수 있었을 것이다.

이 책을 통해서 제시하고자 한 점은, 지금 어느 위치에 서 있든 간에 탁월한 리더라는 궁극적인 목표를 위해 일상의 삶 속에서 실천에 옮길 수 있는 부분을 적극적으로 자신이 갖추어야 할 제2의 천성으로 만들어가야 한다는 점이다. 또한 나라의 일에서부터 시작해서 공적인 부분을 이끌어가는 리더를 선택할 때 이 책이 여러분의 현명한 선택을 도와주길 바란다.

필자가 펴낸 다른 책들과 마찬가지로, 이 책에서도 우리가 함께 살아가는 이 사회가 더 나은 사회를 향해 나아가기를 바라는 바람과 그 구체적인 방법에 대해 정리하였다. 동시에 여러분이 저마다의 생을 통해 멋진 삶을 만들어가는 데 도움이 될 수 있는 방법을 담고 싶었다.

남을 이끄는 위치에 서는 것, 다시 말하면 리더가 되는 것은 대다수 사람들에게 보람되고 다들 간절히 소망하는 일이다. 귀한 것일수록 그냥 기다릴 것이 아니라 노력과 정성을 기울여야 한다. 이 땅의 곳곳에 제대로 자격을 갖춘 탁월한 리더들의 등장을 소망하면서 글을 맺는다.

KI신서 898

공병호의 희망 리더십

지은이 공병호

1판 1쇄 인쇄 2006. 9. 26.
1판 1쇄 발행 2006. 10. 10.

펴낸이 김영곤
펴낸곳 (주)북이십일_21세기북스

책임편집 정지은
기획편집 박종운, 이용우, 이성용, 배근덕
영업마케팅 정성진, 이종률, 최창규, 한경일, 김용환, 김용환
본문디자인 이미연

등록번호 제10-1965호
등록일자 2000. 5. 6.

주소 경기도 파주시 교하읍 문발리 파주출판문화정보산업단지 518-3(413-756)
전화 031-955-2100(대표)
팩스 031-955-2151
이메일 book21@book21.co.kr
홈페이지 http://www.book21.co.kr

값 12,000원
ISBN 89-509-0965-0